Andreas Lebert
Stephan Lebert
Bruno Reichart
Elke Reichart

Herzens-
angelegen-
heiten

Bruno Reichart,
unsere Mutter
und die Geschichte
der Herztransplantation

 FISCHER

Originalausgabe

Erschienen bei FISCHER Taschenbuch
Frankfurt am Main, Dezember 2017

© 2017 S. Fischer Verlag GmbH, Hedderichstr. 114,
D-60596 Frankfurt am Main

Satz: Pinkuin Satz und Datentechnik, Berlin
Druck und Bindung: CPI books GmbH, Leck
Printed in Germany
ISBN 978-3-596-29907-2

Am 16. Mai 1997 wurde der Journalistin Ursula Lebert das Herz herausgeschnitten und durch ein fremdes Herz ersetzt.

Der Mann, der diese Operation ausführte, war der Herzchirurg Bruno Reichart.

Dieses Buch verwebt die Geschichte dieser Operation mit der Geschichte des großen Unternehmens der Medizin: der Herztransplantation.

Inhalt

Weiße Lilien

Lilien durften nicht in ihre Nähe kommen. Dabei mochte sie Blumen. Alle, alle anderen. Sie hatte ein Herz für Blumen. Gerade für die, die schon leicht angewelkt waren. Sie kaufte sie im Laden, schnitt sie zu Hause in langen Streifen an, stellte sie in warmes Wasser, das sie dauernd wechselte. Und wenn es Nacht wurde, kamen die Blumen vor die Tür auf die Terrasse, wegen der frischen Luft. Sie sollten es noch mal gut haben an ihrem Lebensende.

Wir brachten ihr Blumen mit, wenn wir sie besuchten, immer, obwohl ihr Garten voll davon war. Und sie sagte noch Tage später am Ende eines Telefonats: »Deine Blumen sind schön.«

Nur Lilien waren ausgeschlossen. Das tat ihr leid – für die Lilien. Aber der Duft von Lilien beamte sie zurück ins Wohnzimmer ihrer Eltern, wo plötzlich ihr Vater durch die Tür kam und vor dem vierzehnjährigen Mädchen stehen blieb. Alles an ihm war rot, und er weinte, und er trug etwas Rotes in seinem Arm. Sie brauchte eine Weile, bis sie erkannte, was das war, bis sie in all dem Rot den blonden Haarschopf ihres Bruders sah. So hat sie es uns oft erzählt.

Es war ein Tag im Mai, im Mai 1945, ein strahlender Tag, das betonte sie immer. Blauer Himmel. Der große Krieg war vorüber, die Erleichterung war überall zu spüren, Lebensfreude breitete sich aus. Die Kinder spielten wieder auf der Straße. Auch ihr Bruder Albert, zehn Jahre alt.

Die Büchse, die ihm und seinem Vater als Ball zum Fußballspielen diente, war eine Handgranate. Als sie bei Albert am Fuß war, explodierte sie und riss ihn in Stücke. Der Vater hob auf, was von seinem Sohn übrig war, und trug es ins Haus. Über die Terrasse durch die offene Glastür, direkt ins Wohnzimmer, wo seine Tochter auf einem Sessel saß und ein Buch las. Neben ihr, auf einer Anrichte, stand eine Vase mit einem großen Strauß weißer Lilien.

Zweiundfünfzig Jahre später, wieder im Mai, wieder herrliches Wetter, lag sie in einem Bett im Klinikum Großhadern in München. Ursula Lebert, Journalistin, Witwe, Mutter von zwei Söhnen. In der Nacht zum Pfingstsamstag war ihr Brustkorb der Länge nach aufgesägt und ihr Herz herausgeschnitten worden. Der berühmte Herzchirurg Bruno Reichart hatte das erledigt. Und er hatte ihr ein anderes Herz eingesetzt, mit ihren eigenen Adern, Sehnen und Nerven verbunden, die Blutungen gestillt, den Brustkorb wieder geschlossen, die Haut zugenäht. Die ersten Tage in der Intensivstation an tausend Kabeln und Schläuchen im künstlichen Koma waren jetzt vorbei. Sie war wach, jedenfalls immer wieder mal, aber sie konnte noch nicht sprechen. Wenn man an ihrem Bett saß, erklärte man den fragenden Augen, was die Ärzte sagten. Dass zu Hause, in ihrem Häuschen im Süden Münchens, gerade die Handwerker anrückten, um die Teppichböden herauszureißen und durch Holzböden zu ersetzen, wegen der Keime. Bei Herztransplantierten muss das Immunsystem unterdrückt werden, damit es das fremde Herz nicht abstößt. Besonders in der ersten Zeit kann die kleinste Infektion lebensgefährlich sein. Auch die Zimmerpflanzen und Blumentöpfe waren deshalb problematisch. Aber das war leicht zu lösen: Die Erde in den Töpfen musste raus und durch braune Kügelchen ersetzt werden, aus denen eine Art Thermometer ragte. Nicht leicht zu lösen war ein anderes Keime-Problem: Paul, ihr Hund. Herzchirurg Reichart hatte sich sehr klar ausgedrückt: Der Hund muss weg. Wenn wir am Bett unserer Mutter saßen, vermieden wir dieses Thema. Denn das war ebenso klar: Niemals würde sie zustimmen, den Hund wegzugeben. Paul wartete beim Nachbarn.

Zwei entschiedene Meinungen steuerten aufeinander zu, so wie zuvor die zwei Leben aufeinander zugesteuert waren. Der Arzt und sein Wissen, das er in Südafrika und Amerika erworben hatte, ein Pionier der Herztransplantation, besessen davon, Menschen zu retten, der Experte des Muskels, den Menschen zum Leben brauchen. Und die Journalistin, die auf der ganzen Welt Menschen beobachtet und begleitet und über sie geschrieben hatte, Hausfrauen und Politiker, Schauspielerinnen und Mörder, getrieben von der Neugier, Beziehungen zu verstehen, Gefühle auszuleuchten, die Expertin des Schicksals.

Ihr Blick war in diesen Tagen oft in die Ferne gerichtet, in eine innere Ferne, wenn es so etwas gibt. Aus heutiger Sicht waren das ruhige Tage. Man konnte ihr vorlesen, dann senkten sich die Augenlider zustimmend. Aber in der Rückschau zeigt sich manches anders. Die Angst damals, die große Angst, ob das alles gutgehen wird, ist heute verblasst.

Nur einmal war der Blick beim Eintreffen am Bett panisch, die dunklen Augen in dem blassen Gesicht flehten. Was war los? Sollte der Arzt kommen? Die Schwester? Hatte sie Schmerzen? Die Augen rollten hin und her.

Minutenlange Ratlosigkeit, dann die Antwort: Auf der Fensterbank im Rücken des Besucherstuhls stand eine Vase mit einem Blumenstrauß. Jemand hatte ihr eine Freude machen wollen – und weiße Lilien gebracht.

Wie wichtig ist die Seele, Herr Reichart, wenn man einem Menschen sein Herz herausnimmt?

»Enorm wichtig ist die Psyche eines Kranken. Deshalb haben wir auch das psychiatrische Gutachten, bevor wir einen Patienten für geeignet erklären. Nur ein Mensch, der leben will, der das Leben liebt, kann eine solche Operation überstehen. Wenn die Seele schon müde ist, geht das nicht.«

Eine Überraschung in Starnberg

Wir haben Bruno Reichart damals oft gesprochen. Meistens ging es um Notlagen. Wir fragten: Wird sie die Nacht überleben? Oder: Kann man etwas gegen ihre Schmerzen tun?

Als Söhne machten wir uns Sorgen, aber wahrscheinlich noch wichtiger war: Wir suchten seine Nähe, um uns zu beruhigen.

Es war immer gut, mit ihm zu sprechen. Man musste nie viel erklären. Er war immer voll informiert, manchmal kam er gerade vom Krankenbett unserer Mutter. Ja, sie wird überleben, natürlich, sagte er. Und ja, ich kümmere mich.

Als Bruno Reichart jetzt anrief, Jahre später, hatte er eine Frage: »Es gibt bald ein Jubiläum in Sachen Herztransplantation, das ist eine große Sache. Habt ihr Lust, mit mir ein Buch zu schreiben?«

Lust? Vielleicht ist Schicksal das bessere Wort. Bruno Reichart ist der Mann, der unserer Mutter das Herz herausgeschnitten hat.

Seine Frage löste eine Kette von Gefühlen aus, holte ein Bündel von Erinnerungen hervor, verwahrt in tiefen Schubladen des Bewusstseins, verschnürt wie wichtige Briefe aus einem anderen Leben. Die Nächte in den Kliniken, die Geräusche der Geräte, die Gerüche der Chemikalien – wollen wir das alles zurückholen in unser Leben? Die Momente der Hilflosigkeit, die Momente des Glücks, das ganze Abenteuer – alles noch mal?

Über die eigene Mutter schreiben? Will man das?

Über die eigene Angst schreiben? Will man das?

Bruno Reichart ist der Mann, der unserer Mutter ein neues Leben schenkte. Dankbarkeit ist sicher kein schlechter Grund, ein Buch zu schreiben. Aber in unserem Fall gab es noch einen zwingenden Grund: Wer Bruno Reichart ein bisschen kennt, weiß, dass es wenig Sinn macht, ihn von einer Idee abzubringen, die er sich in den Kopf gesetzt hat.

Das erste Arbeitstreffen beginnt mit einer Irritation. Es findet in seinem Haus in Leutstetten statt, das ist in der Nähe von Starnberg, dort wo die deutsche Welt am schönsten ist, und am teuersten. Ein blau-weiß gestrichenes Haus, verwinkelt, mit Anbau im Garten. Im ersten Stock des Hauses, eine schmale Treppe führt nach oben, ist sein Arbeitszimmer. Dort soll das Gespräch über dieses Buch beginnen. Fünfzig Jahre Herztransplantation. Am 3. Dezember 1967 ist zum ersten Mal das Ungeheuerliche passiert: Der Chirurg Christiaan Barnard schneidet dem Patienten Louis Washkansky sein Herz raus und pflanzt ihm ein neues Herz ein – es ist das Herz einer Frau, der fünfundzwanzigjährigen Denise Darvall, die kurz vorher bei einem Autounfall tödlich verunglückt war. Und die Operation gelingt. Washkansky lebt, immerhin achtzehn Tage lang.

Barnard wird zur Legende – und Bruno Reichart wird in Kapstadt sein Nachfolger, von 1984 bis 1990 leitet er die dortige Herz- und Thoraxchirurgie. Darüber wollen wir reden. Also über die Vergangenheit. Das ist der Plan für diese erste Runde. Doch es geht nicht.

Bruno Reichart ist in die Wegmarke der Siebzigjährigen längst eingebogen. Gut sieht er aus, sehr gut, immer noch. Schlank, er wirkt durchtrainiert, und er wirkt nervös, unter Spannung, wie aufgeladen. Die Ruhe finden, die innere Mitte, das ist so gar nicht sein Ding.

Hunderte von Herzen hat Reichart verpflanzt. Tausende von Herzoperationen hat er hinter sich, Tausende von Menschen hat er in kompliziertesten Eingriffen gerettet. Doch davon will er nicht sprechen. Nein, er will von diesen Schweinen erzählen, einer speziellen Schweineart, »lustig sehen sie aus, irgendwie gutgelaunt«. Diese Schweine sind etwas ganz Besonderes, denn sie hatten noch nie Kontakt mit der Zivilisation. Sie tragen keine dieser lästigen Viren in sich, die Bruno Reichart so unendlich nerven. Denn diese Viren befinden sich auch in den Schweineherzen, und wenn er sie einem Affen einpflanzt, machen sie irgendwann Schwierigkeiten.

»Diese Schweine sind der Wahnsinn«, sagt Reichart. »Sie leben auf einer Insel, ganz weit weg. Sie sind virenmäßig völlig rein. Ich will diese Schweine unbedingt haben.« Das Problem ist, die Insel befindet sich in der Nähe von Neuseeland, weit weg von München. Doch was heißt Problem? Bruno Reichart ist nach Neuseeland geflogen, erst vor ein paar Tagen kam er zurück. Vierundzwanzig Stunden Flug nach Auckland, um alles zu besprechen, um alles zu organisieren für die große Expedition. Reichart wird ein Schiff ausrüsten, um diese Insel zu erreichen. Um diese Schweine mitzunehmen, »ich brauche das Erbmaterial dieser Tiere«. Natürlich fährt Reichart mit auf diesem Schiff, »du musst immer dabei sein, wenn du wirklich etwas erreichen willst«.

Man kann sich für einen Moment der Vorstellung nicht entziehen: Bruno Reichart als Kapitän eines Schiffes, auf dem Weg in die Weite des Meeres, auf der Jagd nach einem bestimmten Tier. Wie Captain Ahab im Film »Moby Dick«. Nur geht es bei dieser Expedition nicht um den Wahnsinn, sondern um die Zukunft der Medizin.

Xenotransplantation. In diesem Fall die Transplantation von Schweineherzen in Menschen oder allgemein: in Primaten. Das ist das große Projekt von Bruno Reichart. Es wird gefördert mit Millionen Euro, zunächst vom Bayerischen Staat und später von der Bundesrepublik, genauer: von der Deutschen Forschungsgemeinschaft. Er ist der Kopf des Projektes. Er hat einen eigenen Raum im Münchner Klinikum Großhadern und Labors in einem Institut daneben, er hat ein eigenes Team zusammengestellt. Die Hochschulen von Hannover und Dresden sind beteiligt, ebenso wie das Robert-Koch-Institut, das Paul-Ehrlich-Institut und das Primatenzentrum in Göttingen.

Nicht nur Ärzte und Tiermediziner sind dabei (Letztere bevorzugen übrigens das Wort »Bioingenieur«, denn »Tiermediziner« klingt ihnen zu sehr nach Gummistiefeln), sondern auch Grundlagenforscher und Virologen. Wichtig sind auch die beiden Ethiker und der Rechtswissenschaftler, denn es gibt Bedenken in der Bevölkerung: Ist das in Ordnung, wenn man einem Menschen ein Schweineherz einsetzt? »Ich nehme die Bedenken ernst. Sie sind Teil dieses Projektes. Wir reagieren darauf und versuchen sie zu entkräften.«

Es wird weltweit an den Möglichkeiten der Xenotransplantation geforscht. Doch die Deutschen sind ganz vornedran. Wenn er nicht Schweine operiert oder Expeditionen organisiert, hält er Vorträge auf internationalen Konferenzen, in denen er über die neuesten Erfahrungen und Ergebnisse berichtet. Reichart sagt: »Wir brauchen noch zwei, drei Jahre. Dann klappt es. Dann könnten wir die Medizin revolutionieren.«

Ein Gespräch mit Bruno Reichart erinnert an die nervöse magnetische Nadel eines Kompasses. Reichart muss die Richtung spüren, wo das Gespräch hinläuft. Und die Richtung muss lauten: Nach vorne, in die Zukunft. Das interessiert ihn. Nur wenn das klar ist, kann er auch zurückblicken. Die Vergangenheit als Motivation für die Zukunft.

Bei diesem ersten Arbeitstreffen ist draußen noch ein bisschen Winter. Auf dem Rasen sind letzte Spuren vom Schnee. Bruno Reichart erzählt, dass er heute am Morgen ganz viele Frühlingsknotenblumen entdeckt hat. Sie sind schon da, obwohl es noch viel zu früh für sie ist. Er lacht. Das gefällt ihm: Eigentlich kann etwas gar nicht sein, aber es ist da.

Die erste Begegnung

Als sie dem Chirurgen Reichart das erste Mal an einem Herbsttag 1996 begegnet, hat unsere Mutter keine Zukunft mehr.

»Wie soll ich das schaffen?«, sagt sie angesichts des langen Flurs im Klinikum Großhadern. Ihre Beine sind dick von Wasserablagerungen, in ihrer Lunge ist Wasser, das Atmen fällt ihr schwer. Das viele Wasser ist ein Zeichen für die zu schwache Pumpleistung des Herzens. Einer von uns organisiert einen Rollstuhl. Langer Flur, Fahrstuhl, dritter Stock, wieder langer Flur, ein rotes Sofa, Klopfen an einer Tür: »Wir haben einen Termin bei Professor Reichart.«

Wir sprechen nicht viel, als wir nebeneinander auf dem Sofa sitzend darauf warten, dass sich die Tür gegenüber wieder öffnet. Unsere Mutter hält ihre Handtasche auf den Knien. Sie hat eine Art Videokassette mitgebracht, mit Aufnahmen der Herzkatheter-Untersuchung bei ihrem Kardiologen. Die Kassette befindet sich in ihrer Handtasche.

Jede Woche ist sie in den vergangenen Monaten beim Kardiologen gewesen. In der ersten Zeit fährt sie noch selbst dorthin, mit ihrem kleinen Renault. Zuletzt muss sie gebracht werden, vom Taxi oder von einem von uns. Sie nimmt allerhand Tabletten und Tropfen, die die Herzleistung verbessern oder wenigstens aufrechterhalten sollen. Das Medikament, das ihr das gefährliche Wasser aus dem Körper ziehen soll, heißt Lasix. Manche Begriffe aus dieser Zeit vergisst man nie, vor allem solche, die mit Hoffnung oder Bedrohung verbunden waren.

Terminale Herzinsuffizienz, lautet die Diagnose, Herzmuskelschwäche. Leider unheilbar, aber vielleicht ist wenigstens die Verschlechterung aufhaltbar, das ist die Hoffnung – am Anfang. Unsere Mutter ist damals 65 Jahre alt. Und aufzuhalten ist da nichts mehr, das wird von Woche zu Woche deutlicher.

»Weißt du, was der Arzt gerade zu mir gesagt hat?«, fragt sie einmal auf dem Parkplatz vor der Praxis beim Einsteigen ins Auto. Es ist Sommer, zwei große Buchen spenden Schatten, auf dem Gehweg radelt ein Kind mit einem gelben Dreirad. »Der hat gesagt: Sie brauchen ein neues Herz, Frau Lebert.«

Man muss sich vorstellen, dass dieser Satz sehr langsam in den Organismus der Familie einsickert. Der Arzt hat ihn ja auch nicht mit einer konkreten Möglichkeit verbunden. Er hat nicht gesagt: »Wollen Sie sich das überlegen, dann kann ich die notwendigen Schritte einleiten …« Er hat den Satz mehr als Zustandsbeschreibung gemeint. Um zu erklären, warum seine Maßnahmen nichts bewirkt haben. Es dauert also noch zwei, drei Wochen – und ein paar immer höher dosierte Lasix-Spritzen –, ehe das Wort Herztransplantation die richtige Bedeutung gewinnt. Zur Buchstabierung einer Chance wurde. Der Chance, das Schicksal zu drehen.

Wir Söhne arbeiten damals beide als Journalisten, der eine bei der »Süddeutschen Zeitung« in München, der andere beim »Stern« in Hamburg. Wir waren es gewohnt, dass sich Türen öffneten, wenn die Sekretärinnen dieser Medien irgendwo anriefen. Nicht so im Büro des Professors Bruno Reichart. Reichart war in München ein prominenter Mediziner, der wie kein anderer für das Thema Herztransplantation stand. Deshalb wandten wir uns an ihn, ohne Erfolg. Nein, keine Aussicht auf einen Termin, no way, nein, auch am Telefon ist der Mann nicht zu sprechen. Schließlich wenigstens ein Telefonat mit seiner persönlichen Assistentin:

»Wissen Sie, der Herr Reichart hat so viel zu tun, die Patienten auf der Station, die Studenten von der Uni, und dann steht er ja jeden Tag so viele Stunden im OP, der hat einfach keine Zeit für Interviews, da kann man nichts machen.«

»Es geht gar nicht um ein Interview. Es geht um eine medizinische Frage, seine Einschätzung als Arzt. Ich möchte mich erkundigen, was meine kranke Mutter noch tun kann.«

»Ach so, um eine Patientin geht es? Ja, dann kann ich Sie gleich durchstellen.«

Das anschließende Gespräch ist kurz und sachlich. Eine der Fragen, die Reichart stellt, ist: »Warum ruft Ihre Mutter nicht selbst an?«

Der Röntgenfilm mit den Aufnahmen vom Herzen ist schwarzweiß. Für den Laien ist darauf ein Pumpen zu erkennen und ein Fließen in Adern, die sich weiß vom dunklen Hintergrund abheben. Der Bildschirm befindet sich an der

Wand. Wir schauen ziemlich lange auf den Film, so kommt es uns in der Erinnerung jedenfalls vor. In Wirklichkeit ist es vielleicht nur eine halbe Minute. Das konzentrierte Gesicht des Chirurgen, die bange Stimme der Mutter: »Der Kardiologe sagt, die Adern sind noch ziemlich stark und gut.« Reichart beobachtet schweigend bis zum Ende. »Ja, die Kardiologen …«, sagt er schließlich. »Diese Gefäße sind vergrößert, weil das Herz nicht mehr genug arbeitet.«

Er fragt nach dem Zeitpunkt der Diagnose, nach dem Verlauf und den Medikamenten. Und er will wissen, unter welchen sonstigen Erkrankungen (Diabetes) unsere Mutter leidet, er fragt auch ein paar persönliche Sachen, wo und wie sie lebt. Dass sie noch arbeitet, von zu Hause aus, so gut sie kann, das gefällt ihm. »Ja, Frau Lebert«, sagt er schließlich, »Sie sind eindeutig eine Kandidatin für uns.« Und er erklärt auch gleich, was geschehen muss, möglichst schnell, Zeit ist da nicht zu verlieren, sagt er: ein paar Tage Klinik für alle notwendigen medizinischen Untersuchungen und ein psychiatrisches Gutachten. »Wenn alles passt, kommen Sie auf die Warteliste.« Fester Händedruck, klarer Blick. »Wir sehen uns wieder hier auf der Station G3.«

Rollstuhl, Lift, Flur. Dann im Auto, die geweiteten Augen der Mutter: »Der meint das ernst, oder?«

Unsere ganze Familie hatte 1967 die Nachrichten der ersten Herztransplantation verfolgt, die große Sensation an der Klinik in Kapstadt, das Siegerlächeln des Chirurgen Christiaan Barnard. Inzwischen betrug die Sterberate der Patienten im ersten Jahr nach der Operation nur noch zehn bis zwanzig Prozent. Vom Sterben hatte Reichart eben in seinem Büro nicht gesprochen, das Wort, das er benutzt hat, war »Überlebenschance«.

––––––––––––

Welche Rolle spielt die Angst in der Beziehung zwischen Patient und Arzt, Herr Reichart?

»Ein Chirurg muss unbedingt versuchen, seinem Patienten die Angst zu nehmen. Natürlich muss er ihn aufklären über die Risiken, aber er muss vor allem Zuversicht ausstrahlen: Es wird gut, es wird klappen. Ein Chirurg darf seinem Patienten auf keinen Fall irgendwelche Zweifel vermitteln. Es gibt Untersuchungen, die belegen: Wenn ein Patient große Angst vor einer Operation hat, kann das die Heilungschancen mindern. Der Chirurg muss seinem Patienten Zuversicht vermitteln.

Das ist das eine. Der Chirurg selbst aber sollte immer Respekt vor einer Operation haben, sie darf keine Routine sein. Ich hatte manchmal regelrecht Angst vor den großen Eingriffen, das ist immer noch so. Diese Angst lähmt mich allerdings nicht, im Gegenteil: Sie schärft die Sinne, die Reaktionsfähigkeit, sie treibt einen an. Man muss immer vorbereitet in eine Operation gehen. Für große Taten muss man im Kopf schon den Plan B haben und noch den Plan C, wenn mal etwas nicht so läuft wie geplant, etwas, das man nicht erwartet hat. Wenn ein Chirurg denkt, ach, ich bin der Größte, ich mach das dann schon, das ist ganz leicht, dann ist er kein guter Chirurg. Nur wenn du maximal vorbereitet bist, kannst du am Ende maximal entspannt operieren.

Das nennt man antizipierend operieren. Mit dem zunehmenden Operationsverlauf verschwindet die Angst dann komplett. Ein starkes Gefühl.«

Auf der Warteliste

Zur Überprüfung, ob unsere Mutter tauglich ist für eine Transplantation oder besser: Um auf die Warteliste für eine Transplantation zu kommen, muss sie eine Woche stationär in die Klinik einrücken. Sie teilt das Zimmer mit einer jungen Frau, die einen Tumor am Herzen hat und auf ihre Operation wartet, und einer achtzigjährigen Dame mit zwei frisch gelegten Bypässen. Die meiste Zeit muss sie nüchtern sein für ihr tagfüllendes Programm: Magen-Darm-Spiegelung (nicht so unangenehm wie befürchtet), Rechtsherzkatheter (unangenehm, weil der Katheter in die Lungenarterie geschoben wird, um die Druckverhältnisse zu testen), verschiedene Lungenfunktionsprüfungen, Sonographie von Ober- und Unterbauch, Carotis-Doppler, alles harmlos wie auch Dauer-EKG und Blutdruckmessung, Thorax-Röntgen, Vorstellungen beim Zahnarzt, beim HNO-Arzt, beim Gynäkologen. »Mags Pumperl nimmer?«, hat sie der Gynäkologe gefragt, als sie auf den Stuhl kletterte. Sie lacht, als sie uns das erzählt. »Bisschen lachen zur Abwechslung tut gut«, sagt sie, »schließlich sind wir in Bayern.«

Nebenerkrankungen und nicht erkannte Infektionsherde können gegen eine Transplantation sprechen, deshalb die ganzen Untersuchungen. Bis jetzt ist bei unserer Mutter alles okay. Auch der Gynäkologe schreibt ins Formular: »Kein Einwand gegen HTX.« HTX ist das klinische Kürzel für Herztransplantation.

Für das psychiatrische Gutachten erklärt sie einem Professor der Universitätsnervenklinik und sechs anwesenden Studenten, warum sie sich für die Operation entschieden hat und dass sie von ihrem Entschluss nach wie vor überzeugt ist: »Ich will nicht sterben.«

Sie kommt auf die Warteliste. Ihre Daten werden bei »Eurotransplant« gespeichert, einer übergeordneten Organisation in den Niederlanden. Dorthin werden auch die Daten der Organspender gemeldet. Der Computer ermittelt, wer zu wem passt. Unsere Mutter hat die Blutgruppe Null, das ist die häufigste Blutgruppe. Ein kleiner Pluspunkt.

Vier Rivalen und ihre Expedition

Die Geschichte der Herztransplantation, Teil 1

Die erste Herztransplantation ist nicht nur die Geschichte einer medizinischen Großtat. Es ist auch die Geschichte von vier Männern, verbunden durch die Pionierzeit der Herzchirurgie, jeder von ihnen getrieben von einem ausgeprägten Ehrgeiz: Norman Shumway, Richard Lower, Adrian Kantrowitz und Christiaan Barnard. Jeder von ihnen wollte der Erste sein, dem die Verpflanzung eines Spenderherzens in einen Menschen gelingt, jeder wollte seinen todkranken Patienten helfen – jeder wollte sich aber auch den Ruhm, den Lohn und den Eintrag in die ewigen Annalen der Medizingeschichte verdienen. Jeder war bereit, dafür einen Tabubruch zu begehen: das Herz, das seit Menschengedenken als Sitz der Seele angesehen wurde, zu verpflanzen. Gemeinsam war diesen Männern eine gewisse Art von Brutalität. Anderen, aber auch sich selbst gegenüber.

Vier Männer, drei in Amerika, einer in Südafrika. Und eine Geschichte, der es an nichts mangelt: nicht an wissenschaftlichen Sensationen, ohne die die damals undenkbare Herztransplantation nicht möglich gewesen wäre, nicht an Emotionen, nicht an tragischen Momenten und überraschenderweise auch nicht an Humor.

Es gibt eine frühe Phase der Herztransplantation, von der hier nur kurz die Rede sein soll. Der Amerikaner Alexis Carell (1873 bis 1944) und der Franzose Charles Claude Guthrie (1880 bis 1963) verpflanzten 1905 ein Hundeherz an die Halsgefäße eines zweiten Hundes, es schlug zwei Stunden. Den beiden Ärzten ging es bei dieser Operation und den folgenden Eingriffen nicht so sehr um die Transplantation, sondern um den Nachweis, dass man Gefäße zusammennähen kann. Sie wollten die Öffnungsraten dieser Verbindungen dokumentieren, indem sie nachwiesen, dass die damit angeschlossenen Organe zumindest für kurze Zeit funktionierten.

1912 bekam Carell für diese Arbeiten den Nobelpreis für Medizin und Physiologie – dass sein Partner Guthrie leer ausging, wird noch heute als Ungerechtigkeit kritisiert. Schon damals begann also, was sich im Laufe der Geschichte der Herztransplantation als roter Faden erweisen sollte: die Diskussion um die Fragen, wer ist der Erste, wem gebührt der Ruhm, wer wird in die Geschichtsschreibung eingehen.

Zum Langzeiterfolg fehlten den beiden Forschern damals sowohl das Heparin als auch die Immunsuppression. Heparin vermindert während der Organtransplantation die Blutgerinnung, Immunsuppression verhindert die Abstoßung des neuen, vom Körper als fremd erkannten Herzens.

Zurück zu den vier Chirurgen, die als Akteure im Umfeld der ersten Herzverpflanzung auftraten.

In deren ersten Karrierejahren, Ende der 1950er Jahre, war die Herzchirurgie noch eine sehr junge Disziplin, gerade erst erfunden und noch weit entfernt von den späteren Erfolgen. Letalitäten, Sterberaten von vierzig bis fünfzig Prozent bei den Eingriffen waren keine Seltenheit – was Clarence Walton Lillehei gegenüber Kritikern und Zweiflern zu dem berühmt gewordenen Satz veranlasste: »Wenn du in die Wildnis gehst, kannst du nicht erwarten, dass die Wege gepflastert sind.« Lillehei, ein amerikanischer Chirurg in Minnesota (1918 bis 1999), führte in den 1950er Jahren nahezu im Alleingang mit einer selbstentworfenen Herz-Lungen-Maschine bahnbrechende Operationen am offenen Herzen durch, seine Patienten waren in der Mehrzahl Kinder mit angeborenen Fehlern, selten Erwachsene. Ein weiterer Merksatz Lilleheis, der noch Generationen von Nachfolgern Mut machen sollte: »Anything is possible.« Alles schien möglich in diesen spannenden Aufbruchsjahren der Herzchirurgie.

Norman Shumway (1923 bis 2006) promovierte 1956 an der University of Minnesota, er war unter den zahlreichen jungen Chirurgen, die hier ausgebildet wurden, einer der begabtesten. Er war Chef der Herzchirurgie in Stanford, und er war ein hochintelligenter, introvertierter, dennoch unglaublich schlagfertiger, humorvoller und oft auch – zum Kummer derjenigen, die seine Zielscheiben waren – zynischer

Mann, der immer ganz genau im Bilde war über alles, was um ihn herum passierte. Man traf ihn auf dem Gang, er blickte zu Boden, offenbar in Gedanken versunken. Doch später konnte er genau repetieren, wer mit wem und warum und über wen gesprochen hatte, die überraschten Gesichter der Ertappten bereiteten ihm diabolische Freude.

Eine weitere Marotte: Shumway schätzte sitzende Mitarbeiter nicht, er hielt sie für faul. Vielleicht einer der Gründe, warum er Bruno Reichart, der immer am Herumrennen war, mochte.

Shumway im Operationssaal zu erleben war für Reichart ein großes Erlebnis. Er war auf dem ersten Blick kein herausragender Chirurg, aber er operierte ohne Schnörkel, sauber, antizipierend, stets beherrscht. Er erhob niemals die Stimme, auch in kritischen Situationen im Operationssaal blieb er ruhig, anders als bei vielen Kollegen gab es bei ihm kein Schreien und Toben. Er hätte das als unnötigen Energieverlust betrachtet. Wenn er etwas hasste, dann war es Bluten. Die grünen Tücher, mit denen er die OP-Einschnitte abdeckte, waren immer makellos. Seine Nahtreihen waren perfekt, er musste fast nie nachstechen. Nachbessern sah er als Makel an – nicht nur bei sich, auch bei anderen Chirurgen.

Shumway war der überragende Innovator, auch ein guter Lehrer, der von sich selbst sagte: »Ich bin kein brillanter Chirurg, aber der beste Assistent der Welt.« Bei ihm schafften es nur die Besten der Besten, stets gelang es ihm, die begabtesten Assistenten herauszusuchen. Wie er das machte, war sein Geheimnis. Er gab ihnen den Merksatz mit: »Der beste Weg, die Zukunft zu bewältigen, ist, sie zu gestalten.«

Mit dem amerikanischen Chirurgen *Richard Lower* (1929 bis 2008) arbeitete Shumway in den Jahren 1959 bis 1965 in Stanford zusammen. Die beiden verband nicht nur das bedingungslose Interesse und Engagement für ihre Arbeit, sondern auch großer gegenseitiger Respekt.

Wie Shumway war Lower extrem ruhig und beherrscht – dieses Verhalten, zusammen mit lässigem, typisch kalifornischem Auftreten und sarkastischem Humor, wurde bald zum Markenzeichen der selbstbewussten Stanford-Herzchirurgen-Truppe. »Surgery must be fun« – Operieren muss Spaß machen. Nur keine Hektik, keinen Stress. Nur die Ruhe.

Und natürlich hatte auch Lower für seine Assistenten, Kollegen und Zuschauer einen Merksatz parat, mit dem er in schwierigen Situationen aufwartete: »Wo Tod ist, ist auch Hoffnung.«

Richard Lower war das, was man – um den vielzitierten Ausdruck noch einmal zu bemühen – einen brillanten Chirurgen nennt. Er konnte Hundeherzen so transplantieren, dass die Tiere überraschende Überlebenszeiten aufwiesen. Sein Trick: Er war schnell, präzise und nahm zum Einnähen der Organe kleine Nadeln, denn kleine Nadeln machen kleine Löcher. Und außerdem nutzte er Shumways Hypothermie, die Kühlschrank-Technik: Den Körper oder Organe in einen Zustand der Unterkühlung zu versetzen bedeutet, dass sie weniger Sauerstoff verbrauchen und damit resistenter gegen die sogenannte Ischämie werden. Zum Transplantieren von Herzen zum Beispiel braucht es eine Zeit von etwa einer Stunde, in der sie ischämisch, also nicht durchblutet und nicht mit Sauerstoff versorgt sind.

Um sich klarzumachen, auf welchem schwierigen Gelände sich diese Pioniere der Herzchirurgie seinerzeit bewegten, muss man sich erinnern, was es Ende der 1950er Jahre alles noch nicht gab. Es gab zum Beispiel keinen Herzklappenersatz mit Prothesen, keine Koronarchirurgie, also keine Eingriffe an den Herzkranzgefäßen mit dem Ziel, die Blutversorgung des Herzens wieder zu normalisieren. Diese Techniken kamen erst Mitte bis Ende der 1960er Jahre hinzu.

In den Anfangsjahren der Herzchirurgie ging es vor allem darum, wie schon erwähnt, Kinder mit angeborenen Herzfehlern zu operieren. Mit Hilfe der Herz-Lungen-Maschine musste für ein blutleeres Feld gesorgt werden, das Herz wurde aufgemacht, damit Defekte korrigiert, Flicken eingesetzt und Engen erweitert werden konnten. Blutleer heißt: Die Aorta und die beiden Hohlvenen sind abgeklemmt, das Herz ist nicht durchströmt und liegt ruhig vor dem Operateur, der nun bei Normaltemperatur von 37 Grad Celsius eine Spanne von vielleicht fünfzehn bis zwanzig Minuten für seinen Eingriff hat. Um sich mehr Zeit zu verschaffen, musste man Wege finden, um die Temperatur des Herzens abzusenken.

Shumway war einer der beiden Erfinder der Hypothermie. (Der andere, W. G. Bigelow, operierte in Toronto vor allem Kinder.) Bei seinen Hunde-Versuchen hatte der Kalifornier zusammen mit Lower deren Thorax geöffnet, die Tiere an die Herz-Lungen-Maschine genommen, die Aorta abgeklemmt und das Herz mit Hilfe seines »Shumway-Brunnens« gekühlt: Das Organ, das offen im Herzbeutel lag, wurde ständig mit eiskalter Kochsalzlösung beträufelt und diese Lösung dann wieder abgesaugt. Eigentlich ganz simpel. Aber genial. Die Hunde überlebten, selbst wenn diese Prozedur eine Stunde dauerte.

Shumway war zu jener Zeit noch sehr weit davon entfernt, der große Herzchirurg der späteren Jahre zu sein. Ganz im Gegenteil. Man hatte ihm in Stanford für nur dreitausend Dollar im Jahr eine Stelle in der Dependance in San Francisco angeboten, bei der er Nierenpatienten im Endstadium mit der Hämodialyse betreute. Da diese Geräte damals noch sehr rar waren, musste er die Nachtschichten übernehmen, zusammen mit Richard Lower. Tagsüber nutzen die beiden die gewonnenen Stunden für ihre Hundeversuche.

Wenn man Ende der 1950er Jahre Herzchirurgie machen wollte, musste man eine gehörige Portion Verrücktheit aufweisen. Sich auf keinen Fall Gedanken um die eigene Zukunft machen. Geschlafen wurde selten, vier Stunden reichten in der Regel – diese Aussage trifft übrigens auf viele Pioniere zu.

Shumway und Lower wurde es langweilig, während die Hypothermie-Stunde verstrich und der Zeiger der Uhr nur langsam voranschritt – sie nutzten die Zeit und dachten sich etwas Neues aus. Sie schnitten das Herz des Hundes heraus, setzten es wieder ein und achteten darauf, dass sie dafür nicht länger als eine Stunde brauchten. Die erste Autotransplantation, man schrieb das Jahr 1959.

Die beiden stellten schnell fest, dass es mühsam war, ein Herz herauszuschneiden und im gleichen Tier wieder einzunähen, das Gewebeumfeld war durch die Organentnahme nicht mehr optimal. Sie brauchten einen »Saum«, also genug Gewebe, um sicher nähen zu können. Und daher entschieden Shumway und Lower sich dafür, das Herz des Hundes in einen anderen zu transplantieren, weil sie dort nach der Entnahme des Organs mehr Gewebe, also den besseren »Saum« vorfanden.

Die Technik, die sie verwendeten, hatten sie bei Russell Claude Brock, Baron Brock of Wimbledon (1903 bis 1980) nachgeschlagen, einem frühen englischen Pionier der Herzchirurgie, der für seine Erkenntnisse 1954 zum Ritter geschlagen worden war. Bruno Reichart hatte die Ehre, als Student in den 1960er Jahren an einer Vorlesung des Lords in München teilnehmen zu dürfen – und hat ihn als extrem skurril und exzentrisch in Erinnerung. Er demonstrierte zum Beispiel das Röntgenbild eines großen Lungentumors, der sich im Seitenbild dann als eine Orange hinter dem Rücken des Patienten herausstellte. Was er damit sagen wollte: In der Medizin muss man oft die Dinge von mehreren Seiten betrachten.

Die Hunde des Lords waren seinerzeit auf dem Operationstisch geblieben, deswegen verfeinerten die beiden Amerikaner seine Methoden – mit Erfolg, auch weil sie sauberer arbeiteten und durch die Hypothermie mehr Zeit zum Einsetzen des Spenderorgans hatten.

Alles was die beiden Forscher in ihrem kalifornischen Labor nun noch brauchten für die klinische Reife, war, wie sich Shumway erinnerte, »ein Hund, der smart genug ist, das Spenderherz nicht als fremd zu erkennen und abzustoßen«. Denn die heute verwendeten Immunsuppressiva, also die Medikamente zur Unterdrückung der Abwehrkräfte des Körpers, gab es damals noch nicht – man war gerade erst dabei, die experimentellen Studien abzuschließen. Der erhoffte »kluge« Hund wurde tatsächlich bald gefunden, er überlebte die Transplantation – aus welchen Gründen auch immer – und die nächsten Tage.

Shumway und Lower war nicht klar, welche Reaktionen ihre Experimente bei Laien hervorriefen. Sie waren komplett überrascht, als von der West- bis zur Ostküste die Presse mit Schlagzeilen wie »Herztransplantation ist möglich!« ihre Arbeit sensationell aufbauschte. Herzchirurgen waren von Beginn an die Lieblinge der Journalisten, was daran lag, dass das schon immer mit Emotionen und Mysterien behaftete Herz stets eine gute Geschichte wert war. Ist das Herz nicht das Zentrum des Lebens? Hatten nicht bereits die Mayas ihren Opfern das Herz herausgeschnitten, um die Götter zu besänftigen? Nicht ohne Grund spricht man von gebrochenen Herzen, wenn Menschen aus Trauer dahinsiechen, oder?

Angesichts des Presserummels um den Hund, der mit einem fremden Herzen in einem seiner Stanforder Laborräume lebte, entschied der Department-Chef entnervt, man solle diesem Spuk ein Ende machen. Der Hund müsse weg.

Shumway und Lower zögerten den Zeitpunkt so lange wie möglich hinaus, aber irgendwann hatten sie keine Ausrede mehr. Der Hund wurde eingeschläfert. Ein typischer Shumway-Kommentar später im Rückblick auf diese Situation: »Weder der Hund noch der Department-Chef überlebten lange.«

Ab Mitte der 1960er Jahre änderte sich die Situation für die Forscher entscheidend zum Besseren: Durch den Einsatz einer Immunsuppression mit Kortison und Azathioprin wurden die Abstoßungsreaktionen in Schach gehalten, die Hunde überlebten von nun an Hunderte von Tagen.

1965 wurde Shumway Leiter der Abteilung für Kardio- und Thoraxchirurgie der Stanford University, für Reichart noch heute neben der University of Cape Town die Hochschule mit dem schönsten Campus überhaupt. Die Universität liegt vierzig Meilen südlich von San Francisco in der Nähe von Palo Alto auf einer Hügelkette, die dicht bewachsen ist mit Pinien und Sequoias. »Des Morgens auf dem Weg zur Klinik die warme Luft zu spüren, den Duft der Orangenblüten zu riechen – einen besseren Arbeitsbeginn gibt es nicht.«

Shumway hatte sich durch seine Arbeit der vergangenen Jahre eine derart souveräne Technik angeeignet, dass er in der Erwachsenen-Chirurgie schnell beste Ergebnisse vorweisen konnte – von dreihundert Patienten verlor er nur elf, das war außergewöhnlich gut. Als Herzkranker, hieß es damals, habe man keine andere Wahl als Stanford, wenn man überleben wolle.

Richard Lower wechselte 1965 an das Medical College of Virginia im konservativen Richmond, wo er 1967 eine Professur für Chirurgie erhielt. Er arbeitete dort weiter an der experimentellen Herztransplantation, unter anderem verpflanzte er menschliche Herzen in Paviane, die dort schlugen, bis er das Experiment beendete.

Adrian Kantrowitz (1918 bis 2008) kam auf Umwegen zur Herzchirurgie. Der Sohn eines Klinikdirektors in der Bronx und einer Kostümdesignerin studierte zunächst Mathematik, wollte dann in die Neurochirurgie wechseln, in der es jedoch keine Stelle gab, und entschied sich schließlich für die Herzchirurgie, die es noch zu entwickeln galt.

Er war ein Footballspieler-Typ, eine Urgewalt, brauchte kaum Schlaf, arbeitete nachts und an den Feiertagen und strapazierte seine Umwelt bis aufs Äußerste. Sein Motto war entsprechend: »Wenn du wirklich etwas Innovatives machen willst, dann müssen die Leute von dir denken, dass du verrückt bist.«

Ab 1955 arbeitete Kantrowitz am Maimonides Medical Center im New Yorker Stadtteil Brooklyn (benannt nach Moses Maimonides, dem bedeutendsten jüdischen Religionsphilosophen des Mittelalters). Er war mehr ein brillanter Innovator als ein Chirurg, er entwickelte einen der ersten Herzschrittmacher und mit seinem Bruder, einem Physiker, ein Teilkunstherz und die intraaortale Ballonpumpe, die bis heute Hunderttausenden von Menschen das Leben gerettet hat.

Unabhängig von den beiden Kollegen an der Westküste bereitete auch er sich ab Anfang der 1960er Jahre auf eine Herztransplantation vor, indem er rund fünf Jahre an jungen Hunden und Katzen experimentierte. Kantrowitz arbeitete immer an Kleintieren, denn sein Ziel war es, später Herztransplantationen bei Babys und Kleinkindern durchzuführen. Er entschied sich, die Eingriffe ohne Herz-Lungen-Maschine, alleinig in tiefer Hypothermie von 16 °C durchzuführen. Die Tiere befanden sich narkotisiert in einem Eisbad. Er erreichte erstaunliche Überlebenszeiten von über hundert Tagen und dies ohne Immunsuppression! Die außergewöhnlich guten Ergebnisse kann man sich damit erklären, dass bei Jungtieren das Immunsystem noch nicht richtig entwickelt ist.

Kantrowitz war offenbar das genaue Gegenteil von Shumway. Vom blutarmen Operieren konnte bei ihm keine Rede sein, von seinem Department-Chef ist die Bemerkung überliefert: »Erinnere dich daran, Adrian, dass das Blut, das auf den Boden fließt, nicht dein eigenes ist!« Kantrowitz verkaufte sich gut, er erhielt staatliche Forschungsgelder von drei Millionen Dollar und konnte davon einen Riesenstab von über zwanzig Mitarbeitern unterhalten, für die jeder Tag mit diesem Chef ein neues Erlebnis war. Seine Kontakte zu seinen Kollegen Shumway und Lower waren distanziert, doch respektvoll.

Christiaan Barnard (1922 bis 2001), der als einer von vier Söhnen eines protestantisch-calvinistischen Predigers in ärmlichen Verhältnissen in einer südafrikanischen Kleinstadt inmitten der Karoo-Wüste aufwuchs, sagte von sich selbst: »Ich bin launisch, selbstsüchtig und ein irritierender Perfektionist, ich habe immer recht, Bescheidenheit ist nicht meine Stärke, aber abgesehen von diesen Eigenschaften bin ich ein richtig netter Mensch.«

Nach seinem Medizinstudium in Kapstadt ging er 1957 aus eigenem Antrieb und ausgestattet mit einem Stipendium nach Minnesota, in eines der zwei Zentren, an denen, weltweit einzigartig, täglich herzchirurgische Eingriffe durchgeführt wurden. (Das andere befand sich achtzig Kilometer entfernt in der Mayo-Klinik in Rochester.) Er war ein hochintelligenter junger Mann, der genau abschätzen konnte, was geht und was nicht, ein Pragmatiker, oft brutal im Ausnützen von Menschen und im Nichtzitieren von Kollegen-Erkenntnissen – und doch auf der anderen Seite ein netter und freundlicher Mann, dem es auch in Amerika gelang, Unterstützer zu finden. 1958 kehrte er nach Südafrika zurück, im Gepäck eine geschenkte Herz-Lungen-Maschine und ausgerüstet mit Kenntnissen über die damals möglichen Techniken bei Eingriffen an Kindern mit kongenitalen Herzfehlern. An Herztransplantationen dachte er noch nicht.

Es war die Zeit der tiefsten Apartheid: In Südafrika herrschte strikte Rassentrennung zwischen Schwarzen, Weißen und Farbigen. Sie durften nicht gemeinsam auf Parkbänken sitzen, in Eisenbahnabteilen fahren, in Restaurants und Bars gehen, es gab getrennte Meeresstrände und Wohnviertel, ganz schlimm die unmenschlichen Verfolgungen von »gemischten Paaren«. Fernsehen war verboten wegen möglicher Infiltration durch kommunistisches Gedankengut. Die Anti-Apartheid-Demonstration in Sharpeville 1960 endete in einem Massaker.

In diesem Land, das von der Welt abgeschnitten war, baute Barnard eine erfolgreiche Herzchirurgie auf – eine grandiose Leistung.

Abgesehen von den geschilderten politischen und sozialen Problemen, war er auch noch gesundheitlich gehandicapt. Er litt unter chronischem Gelenkrheumatismus, seine Finger waren verformt und an bestimmten Tagen nur eingeschränkt belastbar. Als Konsequenz konnte er nie ohne einen erfahrenen Partner an seiner Seite operieren, der helfen und eingreifen musste, wenn es schwierig wurde. Barnards Tiraden im Operationssaal, wo er schrie und allen anderen die Schuld an Fehlern gab, nur sich selbst nie, waren berüchtigt. Andererseits betete er vor großen Operationen – so auch in der Nacht der ersten Transplantation – um göttlichen Beistand.

1966 wurde Barnard beauftragt, die Nieren-Transplantation, die überall in der Welt bereits erfolgreich durchgeführt wurde, in Südafrika einzuführen. Zehntausend Kilometer vom Fortschritt entfernt, sollte er sich nun wiederum auf den Weg nach Amerika machen, um zu lernen. Während seine amerikanischen Kollegen sich bereits etabliert hatten und in Ruhe ihren Forschungen nachgehen konnten: Kantrowitz in New York hatte Geld, Shumway frühstückte mit Nobelpreisträgern, Lower war eingebettet in das universitäre System in Richmond.

Barnard entschied sich für Richmond, Virginia, denn dort gab es David Hume, seinerzeit ein berühmter und berüchtigter Nierentransplanteur. Von ihm war bekannt, dass er – nichts Neues – alle verachtete, die mehr als vier Stunden Schlaf brauchten. Und dass er ein, höflich umschrieben, derart dynamischer Typ sei, dass man ihm nur ausweichen oder nachgeben konnte. Als er später mit seinem Privatflugzeug gegen einen Berg prallte und ums Leben kam, sagte ein Kollege an seinem Grab: »Der Berg wusste nicht, dass er Hume hätte ausweichen müssen.«

Barnard ging also nach Richmond und traf somit auch Richard Lower, der dort seit 1965 als Herzchirurg arbeitete.

In seinen Memoiren, in denen auffällig viele Sätze mit »ich« beginnen, schreibt Barnard, er habe damals schon alle Techniken der Herztransplantation gekannt und man habe ihm auf diesem Gebiet nichts Neues mehr beibringen können. Nun, seine Memoiren stecken voller kleiner Ungenauigkeiten, das ist bekannt. Als begnadeter Egomane muss ihm auf jeden Fall klargewesen sein, dass mit Verpflanzungen von Herzen sehr viel mehr Ruhm zu erzielen war als mit Nierentransplantationen.

In dieser Zeit führte Lower regelmäßig Herztransplantationen an Hunden durch. »Ich war nur eine halbe Stunde bei Lower im Labor und habe ihm beim Operieren zugeschaut«, verteidigte sich Barnard später mit seiner lauten, hohen Fistelstimme und dem breiten Afrikaans-Akzent. »Wie kann ich in einer halben Stunde die Herztransplantation gelernt haben?« Doch in Lowers Labor war jemand, der ihn misstrauisch beobachtete – ein ehemaliger Mitarbeiter aus Südafrika, dem an Barnards Charakter nichts fremd war. »Gib Obacht«, warnte er Lower, »Barnard will das am Menschen machen.« Lower winkte ab: »Nein, das kann er nicht! Er hat doch gar keine Hundetransplantationen gemacht.«

Das gab den Ausschlag. Barnard reiste zurück nach Kapstadt, von nun an besessen von der Idee, als Erster eine Herztransplantation beim Menschen durchzuführen. Er stürzte sich in die Experimente mit Hundeherzen.

Die von ihm erwartete Nierentransplantation am Menschen führte er übrigens noch durch. Die Empfängerin lebte einundzwanzig Jahre, und er rühmte sich in dieser Zeit, er sei der einzige Transplanteur der Welt, der einen hundertprozentigen Erfolg habe. Was kein Wunder ist, wenn man nur eine einzige dieser Operationen durchgeführt hat. Diese Organverpflanzung brachte ihm jedoch auch Ärger ein, denn er hatte die Nieren eines farbigen Spenders in eine weiße Frau verpflanzt. »Auf Parkbänken dürfen sie nicht nebeneinandersitzen«, empörte sich die Presse, »aber als Spenderorgan in einem weißen Körper, das geht.«

Dieses Überschreiten von Rassenschranken sollte auch während Reicharts Zeit in Kapstadt als Barnards Nachfolger (1984 bis 1990) ein Tabu bleiben. »Erst die Beendigung der Apartheid, dann die Organe der schwarzen und farbigen Bevölkerung!«, erklärten ihm damals zwei Xhosa-Führer im Büro des Dekans der Kapstädter Universität.

Die vier Protagonisten Anfang Dezember 1967

Der Wettlauf, eher ein Dauerlauf mit sehr langem Atem, hatte vor mehr als zehn Jahren angefangen, jetzt begann der Endspurt auf der Zielgeraden. Alle drei Amerikaner waren bereit, eine Herztransplantation bei einem Menschen durchzuführen – Shumway, Lower, Kantrowitz. Alle drei hatten Patienten auf der Warteliste und schon einmal Probleme mit einem Spender gehabt. Mal hatte die Blutgruppe nicht gepasst, mal hatten die Angehörigen nicht zugestimmt – und dann gab es da noch das Problem der Hirntoddiagnostik, die in den USA nicht legal war, erst nach Herzstillstand durfte explantiert werden.

Alle drei Chirurgen warteten ungeduldig darauf, dass beim nächsten Mal endlich alles passen würde.

Niemand hatte Barnard im fernen Südafrika auf der Rechnung, der ebenso nervös auf seine Chance lauerte. Sein Vorteil: In Südafrika gab es keine eindeutigen gesetzlichen Bestimmungen – er würde transplantieren können, sobald ein Spender »mit wissenschaftlicher Sicherheit« für tot erklärt worden sei, was die sorgfältige Diagnostik eines irreversiblen Hirnschadens umfasste. Einen Herzstillstand würde er nicht abwarten müssen.

»Every second counts« heißt ein Buch, in dem der Wettlauf der vier Chirurgen dargestellt wird. Jede Sekunde – nun, das ist übertrieben. Aber in der Tat zählten im Dezember 1967 nur wenige Tage, wie sich später herausstellte.

Der Notruf und der Trainingsanzug

Samstagabend. Man sitzt mit Freunden beim Wein, abgegessene Teller auf dem Tisch, Stimmung gut, die Themen fliegen durch die Luft. Das Telefon fiept und zeigt auf dem Display schon mit den ersten Ziffern, wer da anruft. Klinikum Großhadern.

Das bedeutet: Mutter.
Das bedeutet: Irgendwas ist.
Das bedeutet: Nicht rangehen kommt nicht in Frage.

Am Abend zuvor hatten wir sie mal wieder in die Klinik gebracht. Zu viel Wasser im Körper und zusätzlich eine – wahrscheinlich grippale – Infektion. Das muss behandelt werden, das darf nicht sein – falls ein geeignetes Herz kommt. Man nimmt das Telefon und geht ins Nebenzimmer. Es ist nach 22 Uhr.

»Ich habe eine Bitte«, sagt die Mutter, Gott sei Dank selbst am Apparat. »Kannst du mir meinen blauen Trainingsanzug bringen, der hängt im Schlafzimmer am Bügel hinter der Tür.«

»Mach ich. Morgen früh fahre ich zum Haus und hole ihn, bringe ihn am Nachmittag vorbei.«

»Nein, das geht nicht, ich brauche ihn noch heute Abend.«
Bringen sie die vielen Medikamente, die sie bekommt, etwas durcheinander?

»Heute brauchst du ihn bestimmt nicht mehr, keine Sorge, ich bringe ihn dir morgen, versprochen.«

»Ich brauche ihn nicht morgen, sondern heute.«
Vielleicht war auch ein Beruhigungsmittel dabei? Aus dem anderen Zimmer dringt Gelächter. Sie kann ja nichts dafür, denkt man. Und: Sohn ist man ein Leben lang.

»Okay, Ich komme.«

Kurze Rechnung, wie viel Zeit es kostet, Sohn zu sein: Halbe Stunde zum Haus, halbe Stunde zur Klinik, viertel Stunde zurück zur Wohnung … »Leute, ich muss in die Klinik wegen meiner Mutter«, textet man ins Gelächter hinein. Den Trainingsanzug erwähnt man nicht. Nein, ist nicht schlimm, aber ich muss hin, bin in etwa einem Stündchen wieder da … Es ist Dezember, dunkel draußen, schlechtes Wetter.

»Die wichtigste Fähigkeit des Chirurgen ist nicht die ruhige Hand, wie alle glauben«, sagt Bruno Reichart später einmal. »Das Wichtigste ist sein Hirn und damit seine Fähigkeit, Entscheidungen zu treffen, auch innerhalb von wenigen Sekunden. Wenn da ein Gefäß platzt während der OP oder sonst was passiert, kannst du nicht zaudern und überlegen, du musst sofort entscheiden. Und du musst Entschiedenheit ausstrahlen – für dein Team und für den Patienten.«

Eine Ahnung dieser Entschiedenheit vermittelt die Aktion mit dem Trainingsanzug. Beim Abliefern im Klinikum liegt keine von Medikamenten benebelte Mutter im Bett. Sie ist hellwach, bedankt sich und lächelt. Sie weiß, dass sie erklären muss, und sie erklärt: »Weißt du, der Professor Reichart war am Abend da, spät noch, und er hat mir meine Werte erklärt. Und dann hat der mich richtig geschimpft. Was liegen Sie denn im Bett herum in so einem schrecklichen Krankenhaushemd! Das hat er gesagt. Da werden Sie ja nur noch kränker! Morgen früh will ich Sie im Trainingsanzug sehen, wehe, ich sehe Sie noch mal in diesem Hemdchen. Sie müssen fit sein, wenn das Herz kommt!«

Aha, denkt man. Und fragt: »Das hätte nicht gereicht bis morgen Abend?«

»Du musst den mal erleben«, antwortet die Mutter. »Es gibt keine Widerrede bei dem, das kann ich dir sagen. Nicht beim Reichart.«

Viele Russen und ein Baby

Bruno Reichart wurde 1943 in Wien geboren. Seine Mutter war schwanger mit ihm dorthin geflüchtet, auf dem Land schien es wegen des bevorstehenden russischen Einmarschs zu unsicher. Als der Krieg vorbei war, konnten sie Wien nicht verlassen. Wien war damals unterteilt in vier Sektoren, in den amerikanischen, den britischen, den französischen und den sowjetischen Sektor. Die Reicharts waren im sowjetischen Teil gefangen. »Die ersten Bilder, an die ich mich erinnere: marschierende Soldaten, ein brennendes Kaufhaus, überhaupt haben viele Bilder mit Feuer zu tun, oft hat irgendwas gebrannt. Ich weiß noch, einmal wurde eine Brücke gesprengt, und wir mussten mit einem kleinen Ruderboot über die Donau. Meine Mutter hatte einen Besen, mit dem sie uns rüberruderte.« Diese Erinnerungen seien nicht mit Angst verbunden, sagt Reichart, »meine Mutter war eine sehr warmherzige Frau, sie hat mir immer eine große Geborgenheit vermittelt«.

Dann kamen eines Tages russische Soldaten in das Miethaus, in dem sie lebten. Sämtliche Frauen im Haus wurden vergewaltigt, sagt er. Nur seine Mutter nicht. »Sie hatte mich auf dem Arm, als sie kamen. Und ich, ganz klein noch, lachte damals immer alle Menschen an, das hat viele in den Bann gezogen. Und es hat auch bei diesen Russen funktioniert. Ich lachte und lachte, und die Russen fanden das irgendwie auch lustig oder was auch immer. Jedenfalls haben sie meine Mutter in Ruhe gelassen. Ja, so war das: Ich habe als kleiner Bub meine Mutter gerettet.«

Respekt, Frau Reichart. Tolle Mutter, die ihrem Sohn eine solche Geschichte mit auf den Lebensweg gibt: Du hast mich damals gerettet.

Erst im Jahre 1947 konnten sie Wien verlassen. Eine Woche waren sie unterwegs, über Stock und Stein, Mutter und Sohn, bis sie endlich in Bayern waren. In Ingolstadt, der Heimatstadt des Vaters. Er kam gerade aus der amerikanischen Gefangenschaft. Reichart hat eher karge Erinnerungen an seine Kindheit und Jugend, was auch damit zu tun haben mag, dass es karge Zeiten waren. Schule, Oberschule, die Sommer glichen sich: mit dem Handtuch an den Fluss. Viel Karten gespielt. Es gab Freunde, aber keinen, der nach diesen Jahren auch noch da ist. Sein Vater war von Beruf Finanzbeamter mit spärlichem Verdienst. Man kam so gerade über die Runden, mehr nicht. Vorstellung von Zukunft? So gut wie keine. »Es gab eine Zeitschrift, die hieß Universum, die blätterte ich gerne durch. Da waren Fotos drin von schnellen Autos und Flugzeugen. Ich weiß noch, wie unvorstellbar es war, jemals in einem Flugzeug zu sitzen.«

Der Vater spielt im Leben von Bruno Reichart kaum eine Rolle. Die Mutter war die entscheidende Figur, er war der einzige Sohn, »wir hatten eine sehr enge Beziehung.« 1969, Reichart war mitten im Staatsexamen, erkrankte seine Mutter schwer. Uteruskarzinom, schon überall Metastasen. »Es war ein elender Tod. Ich habe sie gepflegt, bei Schmerzen unerlaubterweise eine halbe Ampulle Fortral gespritzt. War bis zum Ende da.«

Eine Liebe beginnt

Jede Familie hat bestimmte Geschichten, die dazugehören wie Familienmitglieder. Bei den Leberts ist eine davon die Geschichte vom Frühlingsanfang des Jahres 1952, der 21. März, wie sollte man dieses Datum jemals vergessen können? Es ist eine schöne Geschichte, sie handelt davon, wie Mutter Lebert Vater Lebert kennenlernte. So war es in der Erzählung: Sie hat ihn sich ausgesucht, noch mehr als er sie.

Beide waren Anfang zwanzig und arbeiteten als Journalisten, er bei der »Süddeutschen Zeitung«, sie beim »Münchner Merkur«. Es war später Vormittag, und sie besuchten beide eine eher nicht so spannende Pressekonferenz eines Parfümherstellers, der über verschiedene Produkte und Projekte höchst bereitwillig Auskunft gab. Es muss herrliches Wetter gewesen sein, mehr Frühlingsanfang geht nicht, der Münchner Föhn trieb die Temperaturen bis an die zwanzig Grad. Und die Berge bis fast an die Stadtgrenze. In der Erzählung, so muss man es sagen, war es der schönste und tollste Frühlingstag, der jemals in München gesehen wurde.

Sie kannten sich beide schon ein wenig, aber eher so aus der Halbdistanz. Man war sich auf journalistischen Terminen schon begegnet. Unsere Mutter sagte, sie fand ihn von

Anfang an interessant, aber sehr arrogant. Unser Vater sagte eigentlich nichts dazu. Wie gesagt, es war ihre Geschichte.

Jedenfalls an diesem 21. März kamen sie ins Gespräch, und irgendwann sagte er zu ihr, eigentlich sei das Wetter doch viel zu schön, um in die stickige Redaktion zurückzufahren. Ob er ihr nicht lieber ein bisschen was von Bayern zeigen solle? Das wusste er da schon, der gebürtige Münchner, sie war eine frisch Zugereiste, eine Schwäbin. Und er legte in der Formulierung sogar noch eins drauf: Es sei geradezu eine Sünde, einen solchen Tag in der dunklen Stube mit Arbeit zu verbringen.

Gutes altes bayerisches Wort: Sünde. Also, er hatte einen alten Wagen, und sie tuckerten los, zu einem See, in einen Biergarten, weiß der liebe Gott, wohin noch. Es gab damals keine lästigen Handys, auf denen knurrige Redakteure nerven konnten. Die Idylle konnte störungsfrei fortschreiten. Jedenfalls war es schon spätabends, als die beiden nach München zurückkehrten. Irgendwo ein kleiner Absacker, dann brachte er sie nach Hause.

Ob da schon was lief? Wenigstens ein erster Kuss? Nein, darüber wurde nichts erzählt, auch nicht auf Nachfrage. Das Einzige, was unsere Mutter später einmal dazu sagte, war: »Der Grund, warum ich diesen Mann so liebe, ist, dass er nie etwas von mir verlangt, was ich nicht geben kann.«

Am nächsten Tag jedenfalls war sie damals schon sehr entflammt, und da sie den Kerl von gestern möglichst schnell wiedersehen wollte, hat sie zu einer List gegriffen: Sie rief bei ihm in der Zeitung an und schwindelte, leider habe sie ihre

Aufzeichnungen von der Pressekonferenz verloren, ob er ihr da nicht helfen könne? Um es kurz zu machen: Er konnte und rückte ziemlich rasch mit den brisanten Infos von der Parfümpressekonferenz heran.

So fing alles an. Die Botschaft dieser Geschichte war eindeutig: Für etwas Glück am Wegesrand, und schon gar für etwas mehr Glück, hat man gefälligst alles links liegenzulassen, vor allem so etwas Schnödes wie Arbeit.

Solche Botschaften überleben alles.

Die Lage ist ernst

Unsere Mutter ist auf der Warteliste für eine Herztransplantation, auf diese Warteliste kommen nur Menschen, die todkrank sind, die wahrscheinlich nur noch wenige Monate zu leben haben. Etwa tausend stehen auf der Liste. Die durchschnittliche Wartezeit beträgt zwischen sechs und zwölf Monate. Pro Jahr wird in Deutschland etwa dreihundert Menschen ein Herz transplantiert, mindestens ebenso viele sterben, für sie war die Wartezeit zu lang.

Die Lage ist ernst. Die Chance auf ein Weiterleben? Es sieht nicht gut aus. Ihre Tage sind elend, sie kann das Haus nicht mehr verlassen. In den Nächten sitzt sie nach Luft ringend auf der Bettkante. Im Schlafzimmer brennt immer eine kleine Lampe, ganz leise spielt das Radio. Das Bett neben ihr ist leer. Ihr Mann ist drei Jahre zuvor gestorben. Manchmal fragt sie sich, ob er sich auch so entschieden hätte, wenn es denn für ihn eine ähnliche Möglichkeit gegeben hätte. Und sie ist ziemlich sicher: ja.

Im Jahr 1997 hat noch nicht jedermann ein Handy. Außerdem liegt ihr Wohnort Schäftlarn zwanzig Kilometer außerhalb Münchens, in einem Funkloch, der Empfang ist sehr schlecht. Sie bekommt einen Pieper, ein kleines schwarzes Ding, das sie nun immer bei sich haben muss. Wenn ein passendes Herz gefunden ist, muss alles sehr schnell gehen. Sie muss in maximal einer Stunde im Klinikum Großhadern sein.

Wann um Himmels willen fängt dieser Pieper an zu piepen?

Angst

An der Wand hängt ein kleines Ölbild in einem hellen, billigen Holzrahmen. Es zeigt einen Esel in der Hügellandschaft der Toskana. Das Zimmer 226 in der Station G3 im Klinikum Großhadern ist ein Einzelzimmer. Unsere Mutter liegt angezogen auf dem Bett, gegenüber dem Esel. Auf dem Beistelltisch neben ihr steht ihre Handtasche. Mehr hat sie nicht dabei, mehr braucht man nicht von zu Hause mitzunehmen, wenn eine Herztransplantation bevorsteht.

Ich nehme ihre Hand:

»Hast du Angst?«

Der Anruf war ganz normal auf dem Festnetz gekommen, der wichtige Piepser wurde nicht benötigt. »Frau Lebert, wir haben vielleicht ein Herz für Sie«, sagte eine Frau Dr. K. vom Klinikum Großhadern. »Lassen Sie sich Zeit. Es genügt, wenn Sie in einer Stunde hier sind.«

Nein, Angst hat sie nicht, sagt sie. Sie fühle eigentlich gar nichts. So stelle sie sich vor, sei vielleicht Astronauten zumute, die in ihrer Kapsel auf den Start warten. Vollkommen ruhig, wie tiefgefroren.

»Sie wissen, dass wir Sie vielleicht wieder nach Hause schicken müssen«, hat Frau Dr. K. am Telefon noch gesagt. Ja, das weiß sie: Das Herz muss erst geholt werden, dabei wird untersucht, ob es intakt ist – und ob alle Werte mit ihren übereinstimmen. Ja, das weiß sie: Manche Patienten fahren zwei-, dreimal umsonst hin. Was sie auch weiß: Nach Feststellen des Hirntods werden beim Spender auch alle anderen intakten Organe begutachtet. Von separaten Teams, die zu diesem Zweck meist genauso angereist sind wie die Kardiochirurgen. Das Herz kommt zwar als Erstes raus – aber die Vorbereitungen für die Entnahme der Leber, der Nieren – das läppert sich, wie man in Bayern zu sagen pflegt.

Es ist Freitag, der 16. Mai 1997, kurz nach 17 Uhr. Der Tag vor Pfingsten, die Sonne scheint. Der ADAC warnt vor Staus, es sind viele Autos auf der Straße, auch viele Motorradfahrer. Ein Unfall? Vielleicht. Wahrscheinlich. So etwas erfährt man nicht.

Das Warten kann drei, vier Stunden dauern. Aber wenn das Herz geeignet ist, muss alles sehr schnell gehen. Blut wurde ihr schon abgenommen, jetzt nimmt Schwester Natalie sie mit zum Duschen. Körperhaare werden rasiert. Als sie zurückkommt, hat sie ein weißes Krankenhaushemd an und eine Tüte mit ihren eigenen Sachen in der Hand. Die Halskette mit dem silbernen Glücksschwein gibt sie mir.

Frau Dr. K. streckt den Kopf durch die Tür: »Wir holen es jetzt!«, ruft sie.

Es.

Ein anderer Arzt kommt mit ein paar Zetteln in der Hand. Unsere Mutter muss unterschreiben, dass sie mit der Operation einverstanden und über die Risiken aufgeklärt ist. Sie wird auch aufgeklärt, dass sie von einem erfahrenen Oberarzt operiert wird – falls es zur Operation kommt. Diese Information wird Minuten später korrigiert: Nein, Herr Reichart ist schon unterwegs, er wird selbst operieren.

Warten. Geredet wird nicht viel. Einmal sagt sie, dass sie an ihren Hund Paul denkt, an die Spaziergänge. Dass sie sich die Blätter, die Bäume, die Luft vorstellt. Sie hat einen Lieblingsweg. Dort ist sie unlängst einem Fuchs begegnet. In der Mittagssonne. Sein Fell hat wie Feuer geleuchtet. Dort will sie wieder hin.

Auf einmal fliegt die Tür auf, Schwestern und Pfleger stürzen herein, schieben mich zur Seite, rollen das Bett im Eiltempo aus dem Zimmer auf den matt erleuchteten Gang. Das Herz passt. Es geht los.

Das rollende Bett nimmt Fahrt auf, die Schwestern und Pfleger rennen. Eine Glaswand öffnet sich automatisch. Dahinter gleißendes Licht, grüne Masken, grüne Kittel. Einer davon muss Bruno Reichart sein.

»Mach's gut, Mutti.« Irgend so etwas habe ich noch gesagt. Sie hat es sicher nicht gehört.

Die Wand schließt sich mit einem zischenden Ton. Es ist still. Der Gang ist leer. In der Hand halte ich die Kette mit dem Glücksbringer. Eine große Uhr zeigt an: 22 Uhr 35.

Vampire in der Leichenhalle

Es war nicht sein Traum, ein großer Arzt zu werden. Es war lange nicht klar, was er werden wollte. In der Schule lieferte er eher mittelmäßige Leistungen ab, am besten war er noch in Mathematik, und Zeichnen konnte Bruno Reichart ganz gut. Aber sonst? Leidenschaft? Sein unbedingter Wille? Sein Ehrgeiz? Nichts davon war lange zu spüren. Eher Ratlosigkeit: Was für ein Beruf sollte es werden?

Vielleicht Architekt? Weil er zeichnen konnte. Vielleicht Mathematik-Lehrer? Eher nicht. Er war in der Schule ein eher frecher Schüler, mit anderen zusammen quälte er seine Lehrer gerne, und das war eine wenig freudige Vorstellung von Zukunft.

Dann machte Reichart eine Art Praktikum im Krankenhaus. Alltag auf einer Station. Pflege von alten, bettlägerigen Menschen. Er sagt, er wollte den Job gut machen, wollte sich nicht drücken vor den unangenehmen Aufgaben. Begeisterung klingt anders, aber es reichte, damit eine Idee in den Vordergrund rückte: Arzt, das könnte man doch mal versuchen.

Bruno Reichart hatte ein Abitur mit einem Notendurchschnitt von 2,4 – damit konnte man damals Medizin studieren. Medizin. Ein Studienbeginn ohne klare Vorstellung.

Chirurg? Gynäkologe? Forscher? Hausarzt? Keine Ahnung. Die Geschichte von Bruno Reichart mahnt zu einer gewissen Gelassenheit, gleichermaßen für junge ziellose Menschen und beunruhigte Eltern, die so schnell ungeduldig werden, wenn die Kinder sich nicht möglichst rasch klaren Zielen verschreiben.

Bruno Reichart erzählt von Wegmarken, von Momenten, die ihn rasch ahnen ließen, dass die Medizin ihn nicht mehr loslassen werde. Es war gleich seine allererste Medizinvorlesung in Erlangen, als Student, es muss Herbst 1962 gewesen sein. Der Anatomielehrer, ein Professor namens Bauer, ein sehr schöner Mann mit grauen Haaren, hielt die Einführungsvorlesung. Gleich zu Beginn sagte er ein paar allgemeine Sätze, die Reichart nie wieder vergessen sollte. Sinngemäß lauteten sie in etwa so: »Machen Sie immer, was Sie machen wollen, und gehen Sie immer weiter, immer weiter. Sie werden dann sehen, dass es die meiste Zeit nicht geht, und das Leben wird Sie oft korrigieren. Und dann sollen Sie auch nicht traurig sein. Aber das Wichtigste ist: Sie werden immer wieder überrascht sein, was alles geht. Und dann haben Sie es geschafft.« Der Aufruf, unbedingt an sich zu glauben, der Aufruf, ins Risiko zu gehen, das gefiel ihm.

Eine andere Szene: Das Sezieren einer Leiche. Ein großer Saal in der Erlanger Anatomie, draußen war es schon dunkel, und es stürmte, was die Stimmung in dem Saal noch ein wenig unheimlicher werden ließ. Mehrere Leichen auf verschiedenen Marmortischen, vier Studenten an jeder Leiche. »Ich weiß noch«, sagt Reichart, »dass ich an einen Vampirfilm denken musste. Da gab es eine Szene, wo all diese blassen, weißgesichtigen Vampire in einem Tanzsaal sind. Und ich dachte für einen Moment: Wer weiß, vielleicht fangen jetzt die Leichen hier im Saal auch an zu tanzen. Mir gefiel diese Stimmung.«

Er glaubt, er wäre auch ein leidenschaftlicher Architekt geworden. Oder weiß Gott was. Will sagen: Bruno Reichart hält sich für einen Menschen, der Aufgaben liebt, der sich ständig verbessern will. Es hätten also viele Wege sein können.

»Aber ich muss schon sagen, dass die Medizin für mich ein ganz großer Glücksfall war. Während meines Auslandsjahres 1973 als herzchirurgischer Assistent am Baptist Memorial in Memphis / Tennessee stellte mir mein dortiger Chef Brewster Harrington Elvis Presley und Johnny Cash vor *(this is Bruno; he is from Germany, where surgery is very important)*. Vor allem aber impfte er mir die amerikanische Arbeitsweise ein: Dienstbeginn sieben Uhr morgens *sharp*, also pünktlich, abends *open end*, jedes zweite Wochenende Dienst, zwei Wochen Jahresurlaub. Ich bekam alles geduldig einmal erklärt, musste dann aber selbständig arbeiten; Fehler waren möglich, aber bitte nur etwa alle sechs Monate. Für einen jungen deutschen Chirurgen eine sehr ungewöhnliche Erziehung, denn das Selbermachen schloss hier sofort auch das Operieren mit ein. In dieser Zeit las ich in dem amerikanischen *Journal of Thoracic and Cardiovascular Surgery* über den kalifornischen Herzchirurgen Norman Shumway, der über seine ersten hundert Fälle mit der von ihm erfundenen orthotopen Herztransplantation an der Universität Stanford berichtete, mit einer Ein-Jahr-Überlebenschance von immerhin vierzig Prozent. Ich war erstaunt, mir war damals nicht klargewesen, dass diese Organverpflanzungen überhaupt noch gemacht wurden.«

Zurück in München, wurde Reichart sehr schnell Oberarzt von Werner Klinner, dem Direktor der Universitäts-Herzchirurgie, verantwortlich für alles, was sich in vierundzwanzig Stunden ereignete, und für alle Tage in der Woche. Nach dem Umzug von der Innenstadtklinik nach Großhadern in das brandneue Universitätsklinikum operierte das Team alles am Herzen und den großen Gefäßen, was möglich war – mit einer Ausnahme: Herztransplantationen wurden noch immer nicht wieder durchgeführt. (Klinner, Sebening und Zenker hatten 1969 zwei Herztransplantationen durchgeführt, beide Patienten hatten den Eingriff nur kurzzeitig überlebt.)

Phil Oyer war einer der Oberärzte von Norman Shumway, er reiste 1978 aus Kalifornien an, um in München einen Vortrag über die Stanforder Herzverpflanzungen zu halten. Reichart war fasziniert von den Ergebnissen, die mit über sechzig Prozent Ein-Jahr-Überlebenschance noch besser waren als die von 1973, entschied schnell, dass er das auch machen wolle, und überlegte, dass das neue, noch nicht vollständig ausgelastete Klinikum Großhadern dafür die idealen Voraussetzungen bieten würde. Sein Chef Prof. Klinner gab ihm zwei Wochen Zeit zum Erlernen der Techniken, und so flog er zu Shumway. Es war nicht nur ein beruflicher Abstecher nach Stanford – es begann seine Reise auf dem Gebiet der thorakalen Transplantation, die vierzig Jahre lang dauern sollte. Und immer noch nicht beendet ist.

Vierzig Jahre Chirurg. Jeden Morgen um halb sechs aufstehen. Ein bisschen Frühstücksfernsehen gucken, dann in die Badewanne und Nachrichten im Radio hören. Das war ihm wichtig: »Als ein Chirurg muss man immer ein wenig aufpassen, dass man nicht verblödet.« Kurz vor sieben in der Klinik, erste Tasse Kaffee, nicht zu viel frühstücken, das macht nur müde. Dann Visite. Zuerst zu den frisch Operierten. Dann zu den schwierigen Fällen. Mal war es ein Neugeborenes, das mit einem schweren Herzfehler auf die Welt gekommen ist, es hatte praktisch nur ein halbes Herz. Mal war es ein Bootsbauer, dem man ein mechanisches Herz parallelgeschaltet hatte, weil er die Wartezeit zur Transplantation nicht durchgehalten hätte. Dann in den OP: Manchmal zehn Stunden am Tag operieren, Koronar-Bypässe, Lungentransplantationen, Herzklappen, Operationen an der Hauptschlagader … Manchmal eine Viertelstunde Schlaf dazwischen, gegen die Müdigkeit, wie es die Piloten machen. Zwei- bis dreimal die Woche Anrufe in der Nacht. Anruf bedeutete: Es gibt Probleme mit einem Patienten. Anruf bedeutete auch oft: Sofort in die Klinik fahren, es muss operiert werden.

Reichart sagt, er sei ein netter Chef gewesen, für jeden ansprechbar, mit buchstäblich immer offener Tür. Das war früher anders gewesen. Den berühmten Professor Zenker zum Beispiel anzusprechen, das hätte man damals gar nicht gewagt. Der redete mit einem, wenn es ihm notwendig erschien, nicht umgekehrt. Eine Anekdote in diesem Zusammenhang: Zenker tadelte seine Mitarbeiter oft, weil sie zu wenig wissenschaftlich arbeiteten (daran hat sich allerdings bis zur heutigen Zeit in den Kliniken nicht viel geändert). Einmal erlaubten sich seine Mitarbeiter einen Hinweis: »Aber Herr Professor, wir sind doch vierundzwanzig Stunden mit Ihren Patienten beschäftigt.« Worauf er angeblich antwortete: »Dann arbeiten Sie eben nachts.«

Bei Operationen kam es in jenen Zeiten nicht selten zu Handgemengen. Das heißt: In ihrer Unerfahrenheit konnten Assistenten nicht immer erahnen, was der Operateur als Nächstes vorhatte. In der Folge konnte es nicht ausbleiben, dass sie mit einem Skalpell geschnitten wurden. Reichart hat den ganzen Handrücken voll mit solch kleinen Narben. Einmal hat er sich dabei auch angesteckt, Hepatitis. Ein halbes Jahr durfte er nicht operieren. Statt einer Rehabilitation stand er die ganze Zeit im Labor und arbeitete an seiner Habilitation (»Hat mir nicht geschadet, meine Leberwerte sind perfekt«).

»Chirurgische Ausbildung«, sagt Reichart, »war damals kein Zuckerschlecken, wie man so sagt, und manch einer blieb auf der Strecke. Dennoch respektierten wir unsere Chefs, haben sie in guter Erinnerung behalten. Auf ihre Art machten sie aus uns, was wir letztendlich wurden.«

Warum ist er überhaupt Chirurg geworden? Eigentlich wollte er Internist werden. Als er dies seinem internistischen Lehrer vortrug, sagte der: »Um Gottes willen, lassen Sie das.« Internist sei auf die Dauer schrecklich langweilig, er wisse, wovon er spreche. Und fügte hinzu: »Werden Sie Chirurg, ich besorge Ihnen eine Stelle.« So kam es.

Woher sein Drang zur Transplantation? Am Anfang stand wieder eine Szene. Nachtdienst zu Beginn der 1970er Jahre in der Aufnahme-Ambulanz. Ein junger Unfall-Patient, schweres Hirntrauma. Man kämpfte hart um sein Überleben. Zeichen des Hirntodes entwickelten sich dennoch, er konnte nicht mehr gerettet werden. Man stellte alle behandelnden Maßnahmen ein, auch die künstliche Beatmung. Nach dem Herzstillstand wurde den Eltern die traurige Nachricht vom Tod ihres Sohnes mitgeteilt. Enttäuscht und müde gingen die Dienstärzte auf ihre Zimmer, um sich bis zum bald folgenden Tagesprogramm noch ein bisschen auszuruhen. Um sieben Uhr morgens wurde Zenker beim Morgen-Briefing vom leitenden Dienstarzt auch über diesen Fall informiert. Das Briefing fand immer im Stehen statt. Im Flur vor der Privatstation, im Beisein sämtlicher Ärzte. Zenker wurde für seine Verhältnisse sehr laut: »Wie bitte, Sie haben vergessen, die Angehörigen zu fragen, ob sie die Zustimmung für eine Organentnahme erteilen?« Und in einem geglätteten Oberbayerisch, was bei ihm immer ein Zeichen großer Erregtheit war: »Sie haben schwerstkranken Menschen ihre Rettung gestohlen!« Reichart sagt: Der Zenker hatte recht. Und ihm gefiel die Grundidee: Das Unglück des Todes kann anderes Leben retten.

Manche Menschen können ihr ganzes Leben lang über die Liebe nachdenken. Und es bleibt vor allem beim Nachdenken. Und andere sehen eine Frau und riskieren für die Möglichkeit dieser Liebe alles, was sie haben. Zu diesen Leuten gehört Bruno Reichart.

Diese unbedingte Entschlossenheit, hatte er die immer schon? Nein, sagt er, das macht die Chirurgie aus einem. Ein zaudernder Chirurg? Das geht nicht.

Point of no Return

22 Uhr 35. Die große Glaswand am OP-Eingang hat sich wie ein Maul geschlossen. Hat Chirurgenteam und unsere Mutter verschluckt. Milchglas und Stahl.

Ein Spenderherz wird in einer blauen Plastikbox angeliefert, nicht unähnlich einer Kühlbox für ein Picknick. Der Brustkorb des Patienten wird der Länge nach gespalten mit einer Stichsäge, die auch in einem Baumarkt nicht auffallen würde. Und die Vorrichtung, mit der der Brustkorb gespreizt gehalten wird, funktioniert ähnlich wie ein Schraubstock, nur umgekehrt. Solche Sachen fallen einem jetzt ein. Alle Informationen, die man in den vergangenen Wochen gesammelt hat, oszillieren im Gehirn, verbinden sich mit dem Anblick der Glastür, über der jetzt eine rote Lampe angegangen ist. Überleben neunzig Prozent.

»Wenn das alte Herz erst einmal herausgenommen ist, gibt es kein Zurück mehr«, hat eine Ärztin uns erklärt. Point of no Return.

Das Licht in dem Gang, der von der Station G3 zu den OPs führt, ist angenehm gedämpft. Es ist still, kein Mensch ist zu sehen. Ich telefoniere aus diesem leeren Gang von einem Münztelefon aus mit meinem Bruder, der sitzt in dem leeren kleinen Haus, den Hund Paul neben sich. Es ist ein kurzes Gespräch. Was soll man sagen?

Später legt mir eine Nachtschwester ihre Hand auf die Schulter. »Gehen Sie nach Hause«, sagt sie. »Machen Sie sich keine Sorgen. Die machen das so oft, die wissen genau, was sie tun.«

Ich will nicht nach Hause. Draußen rollt ein Mercedes auf einen der riesigen Besucherparkplätze, die jetzt verlassen sind. Der Fahrer ist gekommen, weil Ursula Lebert auch seine Patientin ist.

Burkhard Peter ist Psychologe, Vorsitzender der renommierten Milton-Ericson Gesellschaft. Hypnose und Trance-Therapie sind seine Fachgebiete. Normalerweise arbeitet er mit Krebs- und Aidspatienten, die dem Tod geweiht sind. Ein Mann für extreme Situationen, kann man sagen. In den vergangenen Monaten hat er einmal pro Woche unsere Mutter besucht, um sie seelisch auf die Operation vorzubereiten. Sie hat selten darüber gesprochen, was genau in diesen Stunden passiert ist. Nur einmal hat sie erzählt, dass sie eine Fonduegabel durch ihre Handfläche gestochen hat. Dass sie dabei keinerlei Schmerzen empfunden hat. »Wir üben das Loslassen«, hat sie gesagt. »Ich muss üben, mich von einem Teil meines Körpers zu verabschieden.«

Ich gehe mit dem Psychologen in die Kapelle des Klinikums. Sie liegt im Erdgeschoss, am Ende der endlosen Klinikstraße mit den Schildern, die durch den medizinischen Dschungel führen sollen. Mit den Aufzügen, die nach oben in die Stationen führen, den Geschäften, die jetzt alle geschlossen sind. Es gibt einen Buchladen, einen Klamottenladen, zwei Kioske, zwei Cafés, einen Friseur, der auch Perücken im Schaufenster hat für die Chemotherapiepatienten. Die Kapelle hat helle Sitzbänke, ein schlichtes Holzkreuz hängt über dem Altar. Der Psychologe erzählt in der Kapelle vom Tauchen. Von der stillen beruhigenden Welt unter Wasser. Er taucht seit zwanzig Jahren.

Ob er keine Angst hat?

Nein, das ist so friedlich dort unten, sagt er.

Und die Haie?

Die Muränen?

Ach was. Alle wunderschön in ihren Bewegungen, nicht bedrohlich. Alle in einem selbstverständlichen Einklang mit sich und allem anderen.

Die folgenden Stunden haben sich der Erinnerung entzogen, als wären sie eingesunken in einen tiefen weichen Boden. War der Psychologe gar nicht wegen seiner Patientin gekommen, für die er sowieso nichts tun konnte? Trance-Therapie ist sein Spezialgebiet …

Point of no Return. Es ist beinahe drei Uhr morgens, als mein Bewusstsein wiederauftaucht. Ich bin wieder allein, sitze auf einem der Wartestühle, die am Rand der großen Klinikstraße stehen. Langsam realisiere ich, dass noch eine andere Person da ist, eine Gestalt am anderen Ende dieser Straße, gut fünfzig Meter entfernt. Beim Näherkommen erkenne ich sie: Die Gestalt hat einen weißen Kittel an, die Gestalt hat blonde Haare. Sie steht vor einem der Kaffeeautomaten.

»Herr Reichart?«

Der Mann wendet sich um. »Herr Lebert! Was tun Sie hier? Warum sind Sie nicht zu Hause?«

Seine Hände, die den Pappbecher mit dem Kaffee halten, zittern ein wenig. Man sieht die Blässe um seinen Mund, die Erschöpfung.

»Wie ist die Operation verlaufen?«

»Es schlägt gut, das Herz«, sagt er. »Es ist drin, und es schlägt gut. Jetzt wird gerade alles vernäht, dann kommt sie auf die Intensivstation. Sie können heimfahren, wirklich.« Dann sagt er noch: »War höchste Zeit. War nur noch ein kranker Lappen, das Herz Ihrer Frau Mutter.«

An dieser Stelle sei ein Ausblick auf die Gegenwart erlaubt, auf die Zeit, an der wir an diesem Buch arbeiten und die ganze Geschichte ja schon kennen, wie sie verlaufen ist, wie sie zu Ende ging.

Das Klinikum Großhadern ist ein bauliches Monster am Stadtrand in München. Finster ragt es in den Himmel, Stockwerk um Stockwerk, ganz oben spannt sich eine Art Segel über dieses Monster, das ihm etwas von einem riesigen Raumschiff aus einer fremden Welt verleiht. Uneinnehmbar, unnahbar. Wenn man heute daran vorbeifährt, oder irgendwo dieser Name auftaucht »Klinikum Großhadern« – welche Begriffe verbindet man dann mit diesem Gebäude?

Lange muss ich nicht nachdenken. Es sind zwei Begriffe, vor allen anderen: »Hoffnung« ist der eine. »Warten« ist der andere.

Das Klinikum Großhadern ist eine Festung der Hoffnung. Und der Geduld.

Ein Sieger operiert in Kapstadt

Die Geschichte der Herztransplantation, Teil 2

Heute würden die Ereignisse dieses Dezember-Wochenendes in Kapstadt in Sekunden um die Welt gehen. Damals, 1967, war nur ein kleiner Kreis von Menschen eingeweiht in das, was im und um das Groote Schuur Hospital vor sich ging. Groote Schuur heißt übrigens auf Afrikaans »Große Scheune« und war in alten Zeiten das Lager der Niederländischen Ostindien-Kompanie. Der Medienrummel um die erste Herztransplantation der Welt setzte knapp zwei Tage später ein, mit all der damals möglichen Wucht, und er traf die Beteiligten ziemlich überraschend, niemand hatte mit einem derartigen Interesse gerechnet. Zunächst aber blieb Christiaan Barnard eine Schonfrist, ein Wochenende, an dem er unbeobachtet vom Rest der Welt im südlichsten Teil von Afrika Medizingeschichte schreiben konnte.

Die erste Herztransplantation fand in der Nacht von Samstag auf Sonntag statt, vom 2. auf den 3. Dezember 1967. Dieses Datum sollte man Nicht-Südafrikanern erklären: Es war Sommer, es war Adventszeit, es war Party-Time, in allen Bevölkerungsschichten wurde gefeiert in Vorfreude auf das Weihnachtsfest, die Menschen fuhren ans Meer oder trafen sich auf den Plätzen der Stadt, in Restaurants und

Bars, am Hafen und in den Parks. So war es damals, und so ist es noch heute.

In der Notaufnahme des Groote Schuur Hospitals – der »Grand White Lady« im englischen Kolonialstil am Fuße des Kapstädter Tafelbergs, über deren Eingang des Nachts die Statue von Florence Nightingale den Patienten und den spät arbeitenden Ärzten mit ihrer Laterne den Weg leuchtete – herrschte Hochbetrieb. Ohnehin war die Emergency Ward der Klinik regelmäßig ab Freitagabend überfüllt, in der Mehrzahl mussten die Ärzte Stichverletzungen nach Messerattacken behandeln. Der Grund dafür: Immer freitags zahlten die (weißen) Chefs die Löhne aus an ihre (schwarzen und farbigen) Arbeitskräfte, die das Geld sehr oft und sehr schnell in Alkohol umsetzten, was wiederum sehr zuverlässig zu heftigen Auseinandersetzungen und anschließenden Krankenhausaufenthalten führte. Die Statistik der Millionenstadt verzeichnete an einem Durchschnittswochenende rund dreißig »unnatürliche« Todesfälle allein im Groote Schuur Hospital, in der Adventszeit waren es oft noch mehr.

An diesem Nachmittag des 2. Dezember 1967 wurde ein Unfallopfer eingeliefert: Denise Darvall, eine fünfundzwanzigjährige weiße Bankangestellte. Man hätte sie in die Notaufnahme tragen können, nur wenige hundert Meter vor dem Eingang des Groote Schuur Hospitals war die junge Frau von einem Auto überfahren worden. Ihre Mutter, mit der sie nach dem Einkauf in einer Bäckerei die Straße überquert hatte, starb noch am Unfallort. Die Neurochirurgen stellten bei Denise einen irreversiblen Hirnschaden fest, der in absehbarer Zeit zum Herzstillstand führen würde. Süd-afrika war 1967 das einzige Land weltweit, in dem in einer derartigen Situation und zu diesem Zeitpunkt eine Therapie abgebrochen und die Erlaubnis zur Transplantation gegeben werden durfte. In jedem anderen Land – zum Beispiel in den USA, wo Shumway, Lower und Kantrowitz so dringend auf Spender warteten – hätte der Herzstillstand abgewartet werden müssen.

Die südafrikanischen Ärzte sprachen behutsam mit dem Vater über die Möglichkeit einer Organentnahme. Edward Darvall traf seine Entscheidung schnell: Ohne Zögern gab er seine Zustimmung. Das Herz seiner Tochter sollte in einem anderen Menschen weiterleben, und eine ihrer Nieren einem weiteren Schwerkranken helfen.

Der Moment, auf den Christiaan Barnard seit seiner Rückkehr aus Amerika gewartet hatte, war gekommen: Er hatte eine Spenderin, und er hatte einen Empfänger. Im gleichen Krankenhaus. Alles passte. Die idealen Vorausset-zungen für eine Organtransplantation, von denen Shumway und Lower auf zahlreichen Kongressen und in weltweit ver-öffentlichten Arbeiten immer wieder in der Theorie gespro-chen hatten, waren da. Für ihn, den Außenseiter, den in der Medizin-Elite niemand ernst nahm.

Sein Patient Louis Washkansky war ein vierundfünf-zigjähriger weißer Gemüsehändler jüdischen Glaubens. Er lag nach mehreren Herzinfarkten seit September auf der Intensivstation und wurde von Tag zu Tag schwächer, nur ein neues Herz würde ihm noch helfen können. Die Ärzte hatten ihn gefragt, ob er sich eine Transplantation vorstellen könnte:»Louis, es ist niemals zuvor gemacht worden. Möchten Sie es sich noch einmal überlegen?« Und er hatte geantwortet:»Nein, da gibt es nichts zu überlegen. Wenn das meine Chance ist, dann nehme ich sie an – so schnell wie möglich.«

Nach dem südafrikanischen Gesetz konnte transplantiert werden, sobald ein Spender»mit wissenschaftlicher Sicherheit« für tot erklärt worden war. Das involvierte auch den sogenannten Hirntod – den man besser einen irreversiblen Hirnschaden nennt: ein Defekt, der nicht rückgängig zu machen ist und der früher oder später zum Herzstillstand führen wird. Der Patient nimmt keinen Sauerstoff mehr auf, ohne Beatmungsgerät würden seine Organe versagen – auch die, die man für die Transplantation erhalten will: die Nieren, das Herz.

In Kapstadt übernahmen die Neurochirurgen die Diagnostik bei Denise Darvall. Sie prüften, ob die untrüglichen Zeichen einer nicht mehr ungeschehen zu machenden Schädigung eingetreten waren: ob alle zehn Hirnnerven ausgefallen waren, ob der Atemantrieb weg und damit das Atemzentrum zerstört war. Diese und weitere, oft ganz simple Untersuchungen werden auch heute noch von erfahrenen Neurologen oder Neurochirurgen übernommen, Maschinen können das nicht mit gleicher Sicherheit leisten. Maschinen sind störanfälliger als Menschen.

Die Diagnostik des Unfallopfers Denise Darvall lief seinerzeit problemlos ab. Doch es gab noch ein anderes Problem, ein großes, ein typisch südafrikanisches. Eine der ersten

Fragen Barnards, als er von der möglichen Spenderin erfuhr, war: »Welche Hautfarbe hat sie?« Denn er wusste, dass er – wäre es kein »weißes« Herz – niemals die Zustimmung des Chefkardiologen Val Schrire zur Transplantation bekommen würde. Im Apartheidstaat Südafrika hätte die Verpflanzung eines »schwarzen« oder »farbigen« Herzens in einen Weißen für Aufruhr gesorgt, der die medizinische Großtat in den Schatten gestellt hätte. Was völlig absurd ist, denn in ihrem Inneren sehen alle Menschen gleich aus, egal, welche Farbe ihre Haut hat.

Nachdem alle Zweifel beseitigt waren (Denise Darvall hatte eine weiße Hautfarbe) und in rasender Eile zwei nebeneinanderliegende Operationssäle für die bevorstehenden Eingriffe vorbereitet wurden, befielen Barnard plötzlich Zweifel. Fast war es, als ob er hoffe, dass dieser Kelch an ihm vorübergehe – er besprach sich mit seinen Kollegen, er redete mit den Schwestern, diskutierte mit den Technikern, so lange, bis diese ihn fragten: »Ja, willst du denn gar nicht?« »Doch, doch«, war seine Antwort, aber in seinem Buch »One Life« beschreibt er die Gedanken, die ihn damals bedrängten. War dies der richtige Moment? War es zu früh? Waren er und sein Team bereit? Würden seine rheumatischen Hände durchhalten? »Der Zweifel«, schreibt er, »war schon immer mein ältester Feind, ich kannte ihn gut. Aber niemals war er so plötzlich, zu einem so extrem wichtigen Zeitpunkt aufgetreten.«

Dass Barnard vor dieser großen Operation nicht selbstsicher war, machte ihn stark – jedenfalls sieht das Bruno Reichart so. Seiner Meinung nach ist es gefährlich, in einen

Eingriff mit einem Optimismus à la »Ich kriege alles hin«
zu gehen. Es gehört Mut dazu, Selbstzweifel zu überwinden
und die Unsicherheit, ob und wie vorangegangen werden
soll, in Sicherheit zu verwandeln.

In der Duschanlage der OP-Abteilung fand der fünfund-
vierzigjährige Chirurg schließlich die Ruhe, die er suchte. Er
faltete seine Hände und betete.

> *Oh Lord, please guide my hands tonight –*
> *Keep them free from error*
> *As you have freed me from doubt.*
> *And show me the way*
> *To do this as well as I can*
> *To do it for this man*
> *Who has placed his life*
> *In my hands …*
> *And for all other men*
> *Like him.*
> *And for all others on the team*
> *That they may also be with us –*
> *Every minute of the way.*

Auch dieses Gebet veröffentlichte er später in seinem Buch.
Nichts sollte fortan der Öffentlichkeit verborgen bleiben, das
war die Devise seines weiteren Lebens. Da waren sie, die zwei
Seiten seiner Persönlichkeit. Einerseits so rührend mensch-
lich, fast kindlich, was ihm überall in der Welt Sympathien
einbrachte. Andererseits so brutal egozentrisch und extrover-
tiert, so limitiert in seinen Aussagen, wenn es zum Beispiel

um die Leistungen anderer ging, denen er in der Öffentlichkeit nie Kredit zollte – kein Wunder, dass ihn viele Kollegen ablehnten.

Barnard hatte die Transplantation perfekt und innovativ geplant. In den Sälen A und B, die man heute noch im Museum des alten Groote Schuur Hospital besichtigen kann: einfach ausgerüstete Räume, auf dem Boden Linoleum, an den Wänden Ölfarbe, statt chromblitzender Ständer und Tische graugestrichene Eisenteile. Was Barnard jedoch zu diesem Zeitpunkt große Sorgen bereitete, war die Tatsache, dass sein Team noch nicht vollständig war. Rodney Hewitson, sein wichtigster Assistent bei großen Operationen, verbrachte das Wochenende am Meer, in Hermanus, gut hundert Kilometer südöstlich von Kapstadt gelegen. Da es ja noch keine Handys gab, musste er per Polizeifunk gesucht und dann schnellstens in die Klinik gefahren werden. Barnard war sehr erleichtert, als Hewitson, den er dringend in Saal A zur Vorbereitung des Herz-Empfängers Louis Washkansky brauchte, endlich eintraf. Er war seine dritte und vierte Hand, wenn die eigenen Hände versagten.

Rodney Hewitson war ein wortkarger, extrem zurückhaltender Mensch. Bis zu diesem Zeitpunkt war er nicht in das Transplantationsprogramm eingebunden gewesen. »Nur Chris wusste Bescheid, wir waren völlig unvorbereitet«, erinnert er sich. »Ich hatte zuvor noch nicht einmal eine Herztransplantation bei einem Hund mitgemacht. Wir taten, was Chris wollte, wir waren nicht mehr als nur seine Assistenten.«

Hewitson übernahm die Leitung des Teams, das sich

in Saal A um die Vorbereitung von Louis Washkansky zur Transplantation kümmerte. Er öffnete dessen Thorax, gab ihm Heparin, kanülierte die Beinarterie, beide Hohlvenen und schloss ihn an die Herz-Lungen-Maschine an.

Damals handelte es sich bei einer Herz-Lungen-Maschine noch um ein ziemlich klobiges Ding, mit dem man nicht viel Zeit hatte, wollte man den Eingriff mit größtmöglicher Sicherheit zu Ende bringen. Nicht länger als eineinhalb bis zwei Stunden sollte es dauern. Eine simple Rollerpumpe ersetzte die Herzleistung, die Lungenfunktion übernahm ein Oxygenator – diese künstliche Lunge sättigte das venöse Blut des Körpers mit Sauerstoff und befreite es gleichzeitig von schädlichem Kohlendioxid. Das so arterialisierte Blut führte man dem Körper wieder zu, über Kanülen, die in der Beinschlagader oder der Aorta steckten.

Die einzelnen Teile waren mit durchsichtigen PVC-Schläuchen verbunden. Ein Regulatorsystem sorgte für ein Absenken der Körpertemperatur (Barnard hatte sie auf bis zu 21,5 Grad Celsius reduziert), umgekehrt aber konnte man damit auch wieder erwärmen.

Heutige Herz-Lungen-Maschinen arbeiten viel schonender, die Organprotektion wurde wesentlich verbessert. Auch heutzutage hat man ein enges Zeitfenster, in dem ein sicherer Herzeingriff abgeschlossen sein muss. Der Zeitdruck, und wie man damit umgeht, ist eine typische Herausforderung der Kardiochirurgie.

Während Hewitson in Saal A zielbewusst voranging, kam es in Saal B zu Spannungen. Denise Darvall war von den

Neurochirurgen für tot erklärt und die Beatmung abgestellt worden, es konnte nicht mehr lange dauern, bis das Herz stillstehen würde. Barnard hätte nun problemlos und legal mit der Organentnahme vorangehen können, aber Assistenzarzt Terry O'Donovan weigerte sich, den Hautschnitt durchzuführen, solange das Herz noch schlage. Die Minuten verstrichen. Marius Barnard, der Bruder von Christiaan Barnard und verantwortlich im Entnahmeteam, wies immer drängender darauf hin, dass bei weiterem Abwarten das Herz Schaden nehmen würde. Und dass man große Verantwortung gegenüber dem nebenan liegenden Empfänger trage. O'Donovan blieb unbeeindruckt, aber schließlich musste er sich einer Abstimmung beugen. Denise Darvalls Herz wurde mit einer Überdosis Kalium stillgelegt, dann der Thorax geöffnet, die Spenderin an die Herz-Lungen-Maschine angeschlossen, ihr Herz, das nur ganz kurz »abgeschaltet« gewesen war, fing sofort wieder an zu schlagen. Ein innovatives Prozedere – Barnards Verdienst Nummer eins.

In Barnards Buch findet sich diese Episode nicht, erst sein Bruder hat sie später einmal in einem Interview erzählt. Auch in Barnards Publikation »The Operation« kommt sie nicht vor. Diese Arbeit war wahrscheinlich die kurzfristigste, die je veröffentlicht wurde: Noch im Dezember 1967, nur wenige Tage nach der Transplantation, erschien sie im »South African Journal of Medicine«. Autorenzeile: Christiaan Barnard, niemand sonst. Erstaunlich im Hinblick auf die kurze Zeit, in der diese Veröffentlichung erschienen war. Shumway und Lower wurden hier noch erwähnt, in Barnards folgenden Interviews und Vorträgen dann nicht mehr.

Die Transplantation lief gut, denn Barnard hat eine sehr schlaue Vorgehensweise gewählt, die auch später das Geheimnis seines Erfolgs wurde und die Reichart und sein Team heute noch bei ihren Xenotransplantationen anwenden: Das Spenderherz wurde perfundiert (mit Blut durchspült), herausgeschnitten und in Saal A getragen. Dort war Washkansky an der Herz-Lungen-Maschine, eine zusätzliche Pumpe perfundierte das Spenderherz, und zwar fast bis zum Ende der Implantation. Keine Unterbrechung des Zustroms von Blut und damit Sauerstoff, während Barnard und Hewitson das neue Herz einnähten, während sie Anastomosen legten, die linken und die rechten Vorhöfe und die Lungenschlagader anschlossen. Erst zum Schluss, bei der Aorta angekommen, musste die perfekte Herzprotektion beendet werden. Aber da war ohnehin schon alles gut gelaufen. Für 1967 war dies eine geniale Konservierung, ein weiteres Verdienst Barnards um die Technik der Herztransplantation.

Großes Lob auch dem Team, es arbeitete konzentriert und gut. Viele dieser hervorragenden Mitarbeiter – allen voran Rodney Hewitson, Josef Ozinsky, einer der besten Herz-Anästhesisten weltweit, Johan van Heerden und Dene Friedmann, die Herz-Lungen-Maschinisten, Pittie Rautenbach, die OP-Schwester – waren noch in der Herzchirurgischen Klinik, als Reichart sie 1984 übernahm. Sie alle waren sehr freundlich zu ihm, sehr hilfsbereit. Wahrscheinlich fühlten sie sich von dem für sie exotischen Deutschen gut unterhalten.

Zu einer Komplikation kam es aber doch noch, und zwar wurde sie von Barnard selbst provoziert. Er hatte vergessen, die Klemme von der Kanüle in der Beinarterie wegzunehmen, der Schlauch der Herz-Lungen-Maschine platzte. Es war eine potentiell gefährliche Situation, die zu einem Hirnschaden hätte führen können, denn Louis Washkansky war zu diesem Zeitpunkt von der Herz-Lungen-Maschine abhängig, die aber nicht mehr funktionierte. »Uhh … Das Blut spritzte bis zur Decke, der Prof schrie und war sehr aufgeregt«, erinnerte sich OP-Schwester Pittie Rautenbach, »Wenn man sich vorstellte, dass in diesem Stadium so etwas passiert …« Dazu Rodney Hewitsons kühler Kommentar: »Er sah, dass es sein Fehler war, darum musste er ihn dann auch selbst korrigieren. Schreien und anderen die Schuld geben, das half nicht.« Was Barnard tat: Neue Kanülierung, diesmal der Aorta, Entlüftung der Herz-Lungen-Maschine, die voller Luft war – nach ein paar Minuten war auch diese schwierige Klippe umschifft. Barnard behielt mitten im Desaster einen kühlen Kopf, das hätte nicht jeder geschafft. Verdienst Nummer drei.

Um 6.24 Uhr am Morgen des 3. Dezember 1967 begann das neue Herz zu schlagen. Barnard reichte Hewitson über den OP-Tisch hinweg die Hand: »Rodney, we did it.« Die Antwort, typisch für seinen Assistenten: »Let's see.«

Am folgenden Tag setzte die Presse-Invasion ein, aus aller Welt kamen die Journalisten in das Land, das nur Tage zuvor wegen seiner Rassenpolitik noch heftig abgelehnt und ignoriert worden war. Barnard hatte durch diese Operation das geächtete Südafrika zurück in das Weltgeschehen gebracht; er selbst wurde zum Volkshelden, was sich bis an sein Lebensende nicht mehr ändern sollte.

Louis Washkansky überlebte die Operation achtzehn Tage, dann starb er an einer fulminanten Pneumonie, die initial als Abstoßungsreaktion fehldiagnostiziert worden war; die Behandlung mit viel Cortison erwies sich als falsch.

Von den Barnard-Brüdern stand nur Marius an Washkanskys Grab, Christiaan ließ sich entschuldigen. Er war am Kofferpacken, auf dem Weg nach New York, wo er in der Heiligabend-TV-Sendung »The Face of the Nation« auftreten sollte. Zusammen mit seinem amerikanischen Rivalen Adrian Kantrowitz, der drei Tage nach ihm auch transplantiert hatte: ein Baby, das ebenfalls nicht überlebt hatte. Die Witwe von Louis Washkansky nahm Barnard sein Fernbleiben sehr übel. Aber Reichart äußert Verständnis: Für einen Chirurgen sei der Tod eines Patienten jedes Mal eine persönliche Niederlage.

Marius Barnard kommentierte den Tod von Louis Washkansky folgendermaßen: »Wir haben den Mount Everest erklommen – beim nächsten Mal wissen wir, wie wir wieder herunterkommen.« Zu diesem Zeitpunkt wartete im Groote Schuur Hospital bereits der nächste Kandidat auf eine Herztransplantation: Philip Blaiberg, 58 Jahre alt, Zahnarzt, weiße Hautfarbe.

Der nächtliche Anruf

Unmittelbar nach der Operation dürfen wir unsere Mutter auf der Intensivstation nicht besuchen. In diesen ersten Tagen, an denen der Himmel so unverschämt blau ist und alle Leute freihaben, weil es das Pfingstwochenende ist, verschwindet sie ganz im Reich der Medizin. Der Kontakt der Familie zu diesem Reich beschränkt sich auf einen Anruf am frühen Morgen und einen Anruf am späten Abend.

Manchmal läutet das Telefon lange, ehe sich jemand meldet. Das Geräusch dieses Läutens im Hörer, an dessen Ende vielleicht eine sehr schlechte, eine furchtbare Nachricht wartet, wird zum Taktgeber dieser Tage.

»Intensivstation G3, Schwester Annika.«

»Guten Morgen, ich möchte mich nach dem Befinden meiner Mutter erkundigen.«

»Im Augenblick kann der diensthabende Arzt nicht ans Telefon kommen. Versuchen Sie es bitte später noch einmal.«

»Wie geht es ihr denn, hat sie die Nacht gut überstanden?«

»Es tut mir leid, ich darf dazu nichts sagen, Sie müssen mit dem Arzt sprechen.«

Auch in unserem sicheren Leben gehen wir täglich Risiken ein, aber es ist uns nicht bewusst. Wir denken nicht daran, dass jemand, der über die Straße geht, weil ihn ein Schaufenster neugierig gemacht hat, dabei vielleicht sein Leben unter dem Reifen eines Lastwagens verliert. Bei einer Herztransplantation ist das ganz anders. Man weiß um das Risiko, um die Letalität, und man weiß, dass das Risiko in den ersten Stunden und Tagen besonders hoch ist. Es bleibt nicht aus, dass man in Gedanken den Abschied probt, dass man Anspannung und Angst vorübergehend durch Trauer ersetzt, weil man genau damit rechnen muss.

Gedanken an unsere Mutter durchziehen diese Tage des Wartens. Wer ist sie? Was bedeutet sie für uns, die Söhne? Erinnerungsfetzen streifen durch den Kopf, ruhelos, ständig die Richtung ändernd. Unsere Mutter, wie sie in der Küche steht und kocht. Ausgezeichnet kocht. Ihr Schweinebraten (nach dem Rezept der Großmutter) ist berühmt.

Unsere Mutter, die mit einem eisernen Gartenrechen vier Halbstarke angreift, weil sie auf der Straße ein junges Mädchen gehänselt haben.

Unsere Mutter, wie sie an Weihnachten das Haus schmückt und Geschichten von Engeln und dem Christkind erzählt. Wie sie den Hund füttert, Blumen kauft, Decken häkelt und sich für unser aller Aussehen verantwortlich fühlt: Du musst zum Friseur.

Unsere Mutter, wie sie große gesellschaftliche Studien journalistisch begleitet und aufbereitet, um sie herum überall hohe Papierstapel: Wehe, ihr bringt was durcheinander!

Als wir noch sehr klein waren, trug sie manchmal ein Dirndl. Einer von uns hat sich mal den Kopf aufgeschlagen, und sie trug den Sohn in der Schürze des Dirndls zum Arzt.

Unsere Mutter hatte drei Abtreibungen hinter sich, ehe sie ihr erstes Kind geboren hat. Und sie hat uns das auch früh erzählt.

Wenn sie verreist war, hat unser Vater die Töpfe mit dem vorgekochten Essen warm gemacht. Wenn sie wiederkam, hat er gestrahlt: Wie war's, erzähl!

Als unser Vater starb, hat sie Spaghetti gekocht, Spaghetti mit Tomatensauce. Das Einzige, was jetzt geht, hat sie gesagt.

Unser Vater hat seine Frau niemals, in keiner Situation ihrer gemeinsamen neununddreißig Jahre auch nur ein einziges Mal »Mutti« oder »Mama« genannt, was für Männer seiner Generation in den sechziger Jahren durchaus noch üblich war. Für ihn war sie immer die Ursel.

Als Kinder lernten wir Frauen wie Susanne von Paczensky kennen, die große Feministin. Sie ging in unserem Haus ein und aus. Später dann, schon als junger Mann, wollte ich mal von ihr wissen, welches Verhalten der Männer für Feministinnen denn okay wäre. Sie antwortete: Ganz einfach, tut das, was ihr wirklich tun wollt, wofür ihr eine Leidenschaft habt, was ihr für richtig haltet. Nur an zwei »Aber« müsst ihr euch halten. Erstens: Tut es wirklich für euch, erwartet von uns Frauen keinen Applaus. Und zweitens: Lasst uns dasselbe tun.

Einmal, da waren wir noch ziemlich klein, hat uns unsere Mutter gleichzeitig in die Arme geschlossen. Sie hat uns gedrückt und geküsst. Es war ein Abschied, sie musste für eine

Reportage verreisen. Und lachend sagte sie zu uns: »Ihr seid mein Ein, aber nicht mein Alles.«

Sie war früh aus der Kirche ausgetreten. Falls sie jetzt stirbt, auch solche Gedanken kommen, was bedeutet dann diese Tatsache? An wen wendet man sich dann? Welcher Friedhof kommt in Frage? Heißt das: Es gibt eine Beerdigung ohne Pfarrer?

»Guten Abend, ich möchte mich nach dem Zustand meiner Mutter erkundigen.«

Es ist Pfingstmontag gegen 21 Uhr. Am anderen Ende der Leitung ist diesmal gleich der Arzt, mit dem ich schon am Morgen gesprochen habe. Aber anstatt einer Begrüßung sagt er etwas, das man nicht gleich versteht – und dann sagt eine andere Stimme etwas. Und plötzlich begreife ich, dass in dieser Verbindung ein Fehler ist. Der Arzt hört nicht, was ich sage, er spricht mit einer anderen Person, ich bin in ein anderes Telefonat hineingeraten und werde unfreiwillig Mithörer eines medizinischen Fachgespräches.

Der eine Teilnehmer ist der diensthabende Arzt in der Intensivstation, der andere Chefarzt Bruno Reichart. Er spricht, das wird schnell klar, vom Autotelefon aus.

»Also«, höre ich Reichart sagen, »gehen wir die Patienten der Reihe nach durch …«

Die Erinnerung an diesen Moment erzeugt bei mir heute noch Schweißperlen auf der Stirn.

Gleich auflegen? Sofort? Damit ich nicht zuhören muss, wie es wirklich um meine Mutter steht? Die Gedanken überschlagen sich, während die beiden sprechen, ich halte den

Atem an, aus Angst, dass sie bemerken, dass noch jemand in der Leitung ist. Und plötzlich ist es zu spät.

»Dann haben wir noch die Herztransplantierte«, sagt der Intensivmediziner. »Sie atmet immer noch nicht selbständig, das macht uns Sorgen, wir wollen heute Nacht ein zusätzliches Medikament zur Unterstützung der Lunge verabreichen ...« Er nennt den Namen des Medikamentes. Reichart antwortet: »Nein, auf keinen Fall. Wir müssen weg von dem Medikamentenbaum, sie muss eigenen Antrieb entwickeln, je früher, desto besser. Und merken Sie sich etwas für die Zukunft, Herr Kollege: Das ist nicht die *Herztransplantierte*. Patienten haben einen Namen, das ist Frau Lebert.«

Eine Stationsschwester sagt später einmal über Bruno Reichart: »Wissen Sie, das Klinikum hat ja so viele Abteilungen, Fachbereiche und Stationen, es gibt viele Chefs. Aber wenn Bruno Reichart Ihr Chef ist, dann spüren Sie schon unten am Haupteingang, wenn Sie zur Schicht kommen, ob der da ist oder nicht. Es ist eine ganz andere Spannung in der Luft und in den Menschen. Der ist ein besessener Arzt und einer, der genau weiß, was er will, und nichts durchgehen lässt.«

Der Begriff »Medikamentenbaum« übrigens erschließt sich schnell beim ersten Besuch in der Intensivstation, als wir schließlich vor dem Bett stehen – eingehüllt in sterile Kleidungsstücke, die wir am Eingang überziehen mussten. Schuhe, Kittel, Mundschutz, Haube, Handschuhe ...

Unsere Mutter liegt wie aufgebahrt, die Augen geschlossen, aus Nase und Mund ragen die Schläuche des

Beatmungsgerätes, das neben ihr steht und gleichmäßige Zischgeräusche von sich gibt wie die Druckluftbremsen eines Lastwagens. Man sieht einen Monitor mit leuchtenden Kurven und blinkenden Symbolen.

Und hinter ihr steht ein Wald aus chromblitzenden Ständern, die lauter chromblitzende Arme haben. An ihnen hängen Flaschen oder kompliziertere Dosierungsgeräte, die allesamt flüssige Medikamente in den Körper der Patientin fließen lassen.

Der Sieger verliert sein Gesicht

Die Geschichte der Herztransplantation, Teil 3

Höfliche Gratulationen, keine weiteren Stellungnahmen. Das waren in Amerika die Reaktionen von Shumway, Lower und Kantrowitz, als sie von Journalisten mit der sensationellen Nachricht von Barnards Kapstädter Coup überfallen wurden. Nach außen gefasst, gingen die Herzchirurgen weiter ihren Klinikroutinen nach. Cool, calm and collected. Business as usual. Nur Vertraute bekamen die Fassungslosigkeit der drei Ärzte mit, die sich so plötzlich um die Früchte ihrer jahrelangen Arbeit betrogen sahen: Barnard? Der doch erst vor kurzem in die Forschung der Herztransplantation eingestiegen war? Der sich die Techniken für seine wenigen Hundeversuche vor einem Jahr während seines Richmond-Besuchs in Lowers Labor abgeschaut hatte?

Ja, Barnard. Er hatte das Rennen gewonnen. In Zukunft würde sein Name genannt werden, wenn über die erste Herztransplantation an einem Menschen gesprochen wird. Nicht nur das: Automatisch würde er derjenige sein, an den gedacht wird beim Thema »erste Transplantation«. Denn niemand erinnert sich an die ersten Verpflanzungen von Niere oder Leber – Transplantation wird mit Herz assoziiert und mit Christiaan Barnard, Groote Schuur Hospital Kapstadt. The winner takes it all. Daran war nichts mehr zu ändern.

Jeder der drei amerikanischen Chirurgen hatte Patienten auf der Warteliste. Die längst ihr neues Herz erhalten hätten, wenn die südafrikanischen Voraussetzungen im Hinblick auf den Hirntod auch in den USA gegolten hätten. Jeder der drei hatte in den vergangenen Monaten Spender ablehnen müssen. Jetzt jedoch, nach der Schocknachricht aus Südafrika, galt es für die Mediziner, keine Zeit mit Bitterkeit zu verschwenden, sondern weiterzuführen, was sie begonnen hatten. Für ihre todkranken Patienten auf den Intensivstationen.

In New York führte Adrian Kantrowitz, wie schon erwähnt, drei Tage nach Barnard, am 6. Dezember 1967, seine erste Herztransplantation durch, die erste in Amerika und weltweit die erste an einem Baby, wieder mit seiner Technik der tiefen Hypothermie. Der kleine Patient starb sieben Stunden später.

In Stanford verpflanzte Norman Shumway am 6. Januar 1968 ein Herz. Der Patient, ein vierundfünfzigjähriger Stahlarbeiter, starb nach fünfzehn Tagen an einer Reihe von Komplikationen.

In Richmond führte Richard Lower ebenfalls 1968 seine erste Herztransplantation durch – an einem vierundfünfzigjährigen Patienten, der eine Woche überlebte. Noch im gleichen Jahr operierte er einen dreiundvierzigjährigen Mann, dessen neues Herz sechseinhalb Jahre schlug.

Stimuliert von den Aktivitäten der Kollegen, nicht selten wohl auch fasziniert von der Aufmerksamkeit, die diese neue Operation in der Öffentlichkeit erregte, wagten sich in den folgenden Monaten viele Chirurgen an eine Transplantation. Allein 1968 wurden weltweit 101 Herzverpflanzungen registriert. Die meisten Patienten überstanden den Eingriff nur für kurze Zeit.

Christian Cabrol verpflanzte am 27. April 1968 in Paris, am Hôpital Universitaire Pitié-Salpêtrière, das erste Herz in Europa. Der Organempfänger, ein französischer Pater, starb im Oktober 1969. Die erste Herztransplantation in Deutschland wurde am 13. Februar 1969 in München von Werner Klinner, Fritz Sebening und Rudolf Zenker, dem Direktor der Chirurgischen Universitätsklinik, durchgeführt. Der sechsunddreißigjährige Patient überlebte knapp einen Tag.

Aufgrund der fehlenden Langzeit-Erfolge wurden die meisten Programme bald wiedereingestellt. Regelmäßige Herztransplantationen fanden in den folgenden Jahren nur noch in Kapstadt (Barnard), Palo Alto (Shumway) und Paris (Cabrol) statt. Später auch in Richmond bei Lower, der zunächst jedoch ein Drama überstehen musste, bevor er mit seinem Programm fortfahren konnte – davon später mehr.

Was wurde aus

... Adrian Kantrowitz?

Adrian Kantrowitz, der New Yorker Herzchirurg, wurde 1970 von der Verwaltung des Maimonides Medical Center gefeuert, man fand sein Vorgehen zu aggressiv. Es ging bei der Kündigung nicht um seine gescheiterten Herztransplantationen, es ging auch nicht um die schlechten Ergebnisse mit seinem Teil-Kunstherz. Er stolperte ausgerechnet über seine erfolgreichste Erfindung, die er wieder in Zusammenarbeit mit seinem Bruder Arthur, dem Physiker, entwickelt hatte: Über die intraaortale Ballonpumpe, die noch heute in der Notfallmedizin eingesetzt wird zur Unterstützung der Herzfunktion bei schwerer Insuffizienz. Welch eine Ironie des Schicksals.

Adrian Kantrowitz zweifelte niemals und am wenigsten an sich selbst, er verstand einfach nicht, dass er mit seinen ständigen Innovationen die Umwelt überforderte. Nicht nur, dass er bei seinen Transplantationen jeden Patienten verlor, und zwar aus verschiedenen Gründen: Seine Patienten – Neugeborene – waren zu empfindlich, seine Technik der tiefen Hypothermie ließ ihm zu wenig Zeit für den Eingriff. Auch für sein Teil-Kunstherz waren die Material-Voraussetzungen noch nicht geschaffen, diese frühen Operationen mussten ebenfalls scheitern. Und nun verlangte der Chirurg schon wieder Unterstützung für etwas Neues – für die intraaortale Ballonpumpe, an die zunächst niemand außer den Kantrowitz-Brüdern glauben wollte: ein simples Pumpensystem, ein Ballon, der retrograd (gegen den Blutstrom) über die Beinarterie in die Aorta eingeführt wird und das Herz in seiner Auswurfleistung unterstützt, die Herzkranzgefäße besser durchblutet. Seine Vorgesetzten streikten, die zwanzigjährige Zusammenarbeit wurde abrupt beendet.

Kantrowitz ging nach Detroit, sein inzwischen aus fünfundzwanzig Personen bestehendes Team sowie seine drei Millionen Dollar Forschungsgelder nahm er mit. Am dortigen Sinai Hospital operierte und forschte er weiter. Er gründete 1983 mit seiner Frau eine Firma für kardiologische Geräte und ging offiziell 1993 in den Ruhestand, nur um dann doch noch einige Jahre im Labor weiterzuarbeiten. Adrian Kantrowitz starb 2008 mit neunzig Jahren an Herzversagen. Die New York Times schrieb in seinem Nachruf: »Er war ein Mann, der sich niemals auf seinen Lorbeeren ausruhte.«

... Norman Shumway?

Norman Shumway war mehr oder weniger der einzige Chirurg, der weiter beharrlich an der Fortentwicklung der Herztransplantation arbeitete, als nahezu alle Kliniken wegen Erfolglosigkeit aufgegeben hatten. In aller Ruhe standardisierte er die Früherkennung der akuten Abstoßung und wurde damit zum eigentlichen Begründer der klinisch reproduzierbaren Herztransplantation. Innerhalb von zehn Jahren schaffte er es, die mäßigen Ergebnisse von zwanzig Prozent Ein-Jahr-Überlebensraten umzudrehen in achtzig Prozent. Man muss dabei berücksichtigen, dass er damals nur die einfache Dauer-Immunsuppression von Azathioprin und Cortison zur Verfügung hatte. Später war er es, der das neue Immunsuppressivum Cyclosporin einführte, das heute noch neben Tacrolimus eines der beiden wichtigsten Medikamente zur Verhütung von Abstoßungen nach Transplantationen ist.

Shumway ebnete den Weg für ein Vorgehen, das heute noch als Standardmethode der Herztransplantation gilt. Er bildete junge Herzchirurgen – unter anderem auch Bruno Reichart – aus, die später überall in der Welt als leitende Ärzte in ihren Kliniken sein Werk fortsetzten. Dabei war es ihm immer wichtig, im Hintergrund zu bleiben und den jungen »Lehrlingen« im Operationssaal schon früh die Verantwortung zu übertragen. Was für seine Schüler einen großen Stress bedeutete: Fehler durften nicht passieren. War Shumway unzufrieden, musste man gehen. Das war jedem klar.

Aber trotz der bewundernswerten Erfolge, die er mit viel Überlegung und Logik erreichte, gelang es ihm auch nicht, sich total aus den Kontroversen um den Hirntod herauszuhalten. Er geriet in Probleme, nachdem er einem Mordopfer das Herz herausgenommen hatte. Der Anwalt des Mörders reagierte sofort mit großer Aggressivität: Nicht sein Mandant, sondern Shumway sei der Mörder. Denn das Opfer sei gar nicht tot gewesen, dessen Herz habe ja geschlagen, später sogar in einem anderen Menschen. Vor Gericht kam er jedoch mit dieser Argumentation nicht durch, sein Mandant wurde als Mörder verurteilt, der Herzchirurg freigesprochen. Das Urteil hatte zur Folge, dass in Kalifornien der irreversible Hirnschaden für Transplantationen akzeptiert wurde.

Norman Shumway ging 1993 in den Ruhestand und starb 2006 mit dreiundachtzig Jahren an einem Krebsleiden. Zu seinen Patienten, die sich anlässlich seines achtzigsten Geburtstages in Stanford versammelt hatten, hatte er mit voller Überzeugung gesagt: »Ihr seid es gewesen, die uns Ärzte so gut aussehen ließen. Ihr seid die wahren Helden – so wunderbar, so stark, so mutig.«

... Richard Lower?
Richard Lower war der Introvertierteste unter seinen Kollegen, er galt als besonnen und bemerkenswert ruhig. Rückblickend sagte er einmal, die erste Herztransplantation durch Barnard sei ein Schock für ihn gewesen – erst in diesem Moment sei ihm wieder eingefallen, wie der Südafrikaner 1966 in seinem Labor gesessen und sich jede seiner Techniken eingeprägt hatte. Und wie er vor Barnard gewarnt worden war und nicht glauben wollte. Dennoch: Später auf einem amerikanischen Chirurgenkongress war Lower der Einzige, der Barnard nach dessen Vortrag über seine Transplantation gratulierte. Alle anderen Kollegen hatten sich dafür entschieden, den Südafrikaner zu schneiden.

Auch Lower musste mit juristischen Problemen kämpfen in diesen Anfangstagen der Herztransplantationsmedizin. Er hatte einem Spender, dessen Angehörige trotz intensiver Suche nicht zu finden waren, nach Rückversicherung mit den zuständigen Stellen das Herz entnommen und es in einen seiner Patienten verpflanzt. Wenige Stunden nach der Transplantation erschienen plötzlich Familienmitglieder des Spenders in der Klinik und verlangten, angestachelt von undurchsichtigen Beratern, Schadensersatz von einer Million Dollar. Es kam sogar zum Mordprozess, Lower wurde als Mörder angeklagt, durfte nicht transplantieren und lebte vier Jahre lang in einem sehr belastenden Ausnahmezustand. Erst 1972 sprachen ihn die Geschworenen frei, das Verfahren wurde fortan in den Vereinigten Staaten als Musterprozess für derartige Organentnahmen gesehen.

Wie sein Freund Shumway verfolgte auch Lower sein

Transplantationsprogramm danach mit großem Durchhaltewillen und Erfolg. Er ging mit fünfundsechzig Jahren in den Ruhestand, arbeitete aber weiter als Allgemeinarzt in einer Klinik für Bedürftige, die Freizeit verbrachte er auf seiner Montana-Farm bei seinen dreihundert Rindern. Dort starb er mit achtundsiebzig Jahren an einem Krebsleiden.

… Christiaan Barnard?
An Selbstbewusstsein fehlte es keinem der vier Herzchirurgen, doch Christiaan Barnard schlug sie in dieser Hinsicht alle noch einmal um Längen. »Wenn ich etwas anderes gemacht hätte«, sagte er einmal, »dann hätte ich persönlich für mich in einigen Situationen noch viel mehr herausholen können.« Dabei lebte er seit der ersten Herztransplantation ohnehin nur noch auf der Überholspur. Als Starchirurg war er überall in der Welt ein hochwillkommener Gast – bei Politikern ebenso wie bei weiblichen Filmstars, bei Millionären ebenso wie beim Papst. An den Flughäfen warteten jubelnde Menschen auf ihn, Liebesbriefe wurden ihm zugesteckt, der aus bescheidenen Verhältnissen stammende Südafrikaner genoss jede Sekunde seines neuen Lebens. Barnards erste Ehefrau sagte nach der Scheidung, ihr Mann habe sich durch den Ruhm zur Unkenntlichkeit verändert. Zwei weitere Ehen scheiterten ebenfalls.

In der für die Herztransplantation kritischen Zeit jedoch, zwischen 1968 und 1970, erzielte sein Kapstädter Team die weltweit besten Ergebnisse, allerdings transplantierte er aufgrund seiner vielen Reisen und privaten Angelegenheiten nur sechs Patienten. Philip Blaiberg, Barnards zweiter Patient, lebte achtzehn Monate mit seinem neuen Herzen – er hatte das Organ von einem farbigen Spender bekommen, was im Apartheidstaat sofort für Aufruhr gesorgt hatte. Aber nur für kurze Zeit: Barnards Status als Volksheld war inzwischen so unangefochten, dass diese »skandalöse« Tatsache schnell aus den Diskussionen verbannt wurde. Insofern spielte es dann auch keine große Rolle mehr, dass eine weitere Herzempfängerin eine Farbige war: Dorothy Fisher, die ihre Transplantation dreizehn Jahre überlebte. Barnard machte übrigens nie einen Hehl aus seiner Abneigung gegen die Rassenpolitik in seiner Heimat und scherte sich nicht um die Gegner, die er sich damit machte.

Sein sechster Patient Dirk van Zyl war ein burischer Polizist – also ein Afrikaans sprechender Weißer mit europäischen Wurzeln – und für viele Jahre der Empfänger, der international am längsten mit einem neuen Herzen lebte. Als Bruno Reichart nach Kapstadt kam, lernte er ihn während seiner Kontrolluntersuchungen kennen. Er war ein sehr freundlicher Mann, der ursprünglich an einem arteriosklerotischen Herzleiden litt und bereits mehrere Infarkte überstanden hatte. Wegen seiner Raucherbeine waren ihm beide Unterschenkel amputiert worden – er hatte sich stets geweigert, die Zigaretten aufzugeben. Er überlebte seine Transplantation um vierundzwanzig Jahre und starb 1994 mit achtundsechzig Jahren an einem Schlaganfall.

Barnard hatte ein Weltklasse-Department, das er vernachlässigte. Er habe nichts daraus gemacht, bemerkte später einmal sein Bruder Marius traurig und wütend zugleich. Christiaan habe alles erleben wollen, was ihm die Welt zu bieten hatte, die Medizin sei ihm nicht mehr so wichtig gewesen. »Alle wollten uns unterstützen, aber er war nie da. Und er weigerte sich zu delegieren, weil ihn das letztendlich überflüssig gemacht hätte.«

1972 wagte Barnard eine Herz-Lungen-Transplantation, später zweimal auch eine Xenotransplantation: Er verpflanzte einmal ein Schimpansen- und einmal ein Pavianherz in Menschen, die nur wenige Stunden überlebten. Ohne auf ethische Fragen zu achten. Barnard verlor nach und nach den Respekt seiner internationalen Kollegen, er wurde aus Fachgesellschaften ausgeschlossen. Er, der die besten Chancen von allen gehabt hatte, scheiterte an seiner Hybris.

Muss man die Geschichte an dieser Stelle noch ergänzen, Herr Reichart?

»Ja, um zwei Dinge. Erstens: Dass das Kapstädter Team auch später nur wenige Transplantationen durchführte, hatte nicht nur mit der Abwesenheit ihres Chefs zu tun, sondern auch mit der Apartheid. Barnard konnte nicht mit der Spendenbereitschaft der schwarzen Bevölkerung rechnen. Außerdem waren die Entfernungen zu groß, um gespendete Herzen rechtzeitig in den Operationssaal des Groote Schuur zu bringen. Zum Vergleich: Die Distanz Kapstadt – Johannesburg entspricht ungefähr der von München – Moskau. Es hätte eine bessere Organpräservation gebraucht und vor allem schnellere Flugzeuge als die kleine Viersitzer-Propeller-maschine des Roten Kreuzes, die ihm zur Verfügung stand.

Als Barnard wieder einmal wegen eines Spenderherzens, das einen – gar nicht mal so langen – Flug nicht gut über-standen hatte, seinen Transplantationspatienten verloren hatte, beklagte er sich bitter bei seinem Kardiologen. Der fragte zurück: »Das Herz des Patienten war doch noch nicht so schlecht ... Hätte man das nicht mehr zurücknehmen können?« In diesem Fall war das nicht mehr möglich, das alte Herz war bereits beim Pathologen. Aber bei der nächsten Operation setzte Barnard das neue Herz in »Huckepack«-Manier im rechten Thorax ein, parallel zum Kreislauf des alten Organs des Patienten; das eigene wurde an Ort und Stelle belassen. Zwar verdrängte das Spenderorgan Teile der rechten Lunge, aber das machte in der Regel wenig aus. Ich kenne die Technik aus meiner Kapstädter Zeit gut und wand-te sie zeitweise bei meinen Xenotransplantationen an. Sie ist kompliziert, man muss sehr sauber arbeiten und braucht, weil die Kreisläufe so verschachtelt sind, postoperativ Blut-verdünner.

Lear-Jets für »weiße« Spenderherzen wurden am Groote Schuur Hospital erst eingesetzt, nachdem ich 1984 nach Kap-stadt kam. Wir waren auf Sponsoren angewiesen, die uns die Flüge finanzierten oder eigene Flugzeuge zur Verfügung stellten, aber das alles erwies sich nicht als Problem. Wie zu Barnards Zeiten war die Begeisterung der weißen Bevölkerung im Land für die Herztransplantation groß und die Bereit-schaft, uns zu helfen, ungebrochen. Die Zahl meiner Transplantationen wuchs von Jahr zu Jahr, 1989 waren es bereits zweiunddreißig Herz- und Herz-Lungen-Verpflanzungen.

Trotz der Erfolge war mir während meiner fünf Jahre in Kapstadt immer klar, dass ich mit dem, was ich tat, die Anti-Apartheid-Bewegung unterlief. Wer damals in Südafrika arbeitete, kam um diese Differenzen nicht herum. Der weißen Regierung gefiel es, wenn sie auf die Herzchirurgie mit ihren First-World-Standards verweisen konnte; sie unterstützte zum Beispiel 1987 unsere Zwanzig-Jahr-Jubiläumsfeier zur Erinnerung an die erste Herztransplantation mit viel Engagement. Wohingegen meine Universität UCT, die sich »Anti-Apartheid« und »non-racist« auf die Fahnen geschrieben hatten, sehr reserviert war. Doch ich blieb unbehelligt von Vorwürfen, denn immerhin war die herzchirurgische Klinik die einzige im Groote Schuur Hospital, in der alle Hautfarben in gemeinsamen Zimmern untergebracht wurden – Schwarze, Farbige, Weiße. Das hatte ich eingeführt und damit meinen Beitrag zu »nichtrassistisch« geleistet. Abgesehen von meinen täglichen Operationen über alle Rassengrenzen hinweg während der mehr als fünf Jahre.

Zweitens: Ich möchte gern auf einen Beitrag hinweisen, den das Münchner Team um den international bekannten experimentellen Chirurgen Walter Brendel zu der zweiten Transplantation in Kapstadt geleistet hat. In Barnards Büchern wird er nicht erwähnt.

Philip Blaiberg, der im Januar 1968 transplantiert worden war, erkrankte im Juni an Hepatitis. Man konnte es nicht nachweisen, aber wahrscheinlich hatte er sich an einer der

Blutkonserven infiziert. Von den beiden Immunsuppressiva, die er bekam (Cortison und Azathioprin), war das Azathioprin schädlich für die Leber und musste abgesetzt werden. Es zeigte sich, dass das Cortison allein nicht ausreichte: Eine fulminante Abstoßung setzte ein, so schwer, dass Blaiberg für eine Re-Transplantation gelistet werden musste, was damals ein Husarenstück gewesen wäre. Wieder wurde ein neues Herz für ihn gesucht.

In dieser Situation erinnerte sich Barnard an Walter Brendel, der international bekannt geworden war für sein Antilymphozyten-Serum (ALS). Es handelte sich um einen aus Pferden gewonnenen Antikörper, der sich gegen die Fraktion der menschlichen weißen Blutkörperchen, die für die Abstoßung zuständig sind, gebildet hat. Brendel hatte das Serum zusammen mit Rudolf Pichlmayr erfunden und damit große Erfolge bei Nierentransplantationen erzielt.

Barnard kabelte nach München: »Bitte ALS schicken!« Die Münchner versandten das Serum mit Propellermaschinen der südafrikanischen Luftlinie an das Kap der guten Hoffnung, Brendels Oberarzt Walter Land telefonierte jeden Tag mit Kapstadt – nicht einfach, es existierte nur eine Leitung – und gab Anweisungen für die tägliche Spritzendosis. Kurze Zeit später konnte Blaiberg wieder von der Liste der Transplantationskandidaten genommen werden, seine Herzfunktion hatte sich entscheidend verbessert. Zum sechzigsten Geburtstag von Blaiberg wurde Brendel nach Kapstadt eingeladen. Es gibt Fotos von ihm mit dem Jubilar und mit Barnard vor dem alten Flughafen mit seinen Wellblechschuppen. Alle schauen sehr zufrieden.

Das Antilymphozyten-Serum wird heute noch unter dem Namen Antithymocytenglobulin (ATG) in der Transplantationsmedizin eingesetzt, es wird nicht mehr von Pferden, sondern von Kaninchen gewonnen.«

Zurück zu Barnard. Selbst diese Fortschritte in der Transplantationsmedizin mit all den damit verbundenen Aufregungen und Adrenalinschüben waren ihm schon nach kurzer Zeit nicht mehr interessant genug. Er blieb begeistert von der High Society, zu der er als erfolgreicher Herzchirurg plötzlich Zutritt bekommen hatte. Nie zuvor war ein Südafrikaner in diese glamourösen Kreise aufgenommen worden. Daheim verdiente er achthundert Dollar im Monat, verglichen mit seinen amerikanischen Kollegen, die alle reich geworden waren, war er arm. Er versuchte, in der Werbung Geld zu verdienen – er machte zum Beispiel Reklame für Lastwagen (»ein starker Motor ist wie ein starkes Herz«) oder engagierte sich in fragwürdigen, an Scharlatanerie grenzenden Geschäften mit Therapien, bei denen juvenile Schweinezellen den Käufern bis ins hohe Alter jugendliches Aussehen garantieren sollten.

Christiaan Barnard, der als stets tiefgebräunter, strahlender Sonnyboy mit abstehenden Ohren die Welt erobert hatte, war im Alter selbst besessen von der Idee der »ewigen Jugend«. Umso tragischer, dass er an einem Basaliom, einem bösartigen Hautkrebs, erkrankte. Die Ärzte mussten ihm die halbe Nase wegschneiden, er sah nach der Rekonstruktion bemitleidenswert aus. Reichart: »Kurz vor seiner Operation trafen wir – meine Frau Elke und ich – ihn in Nizza, anlässlich eines Kongresses. Er saß in der Halle des Luxushotels Negresco, auf dem roten Samtsofa, allein, das Gesicht mit dem großen Pflaster über der Nase dem Eingang zugewandt. Er wartete darauf, dass man ihn erkannte, was immer wieder auch passierte. Dann strahlte er auf und war offensichtlich glücklich. Auch wir begrüßten ihn und luden ihn nach München ein – zu einem Essen in dem Restaurant, in dem er mich 1983 aufgefordert hatte, mich für seine Nachfolge zu bewerben. Wir verabredeten uns, aber zu diesem Treffen sollte es nicht mehr kommen.«

Christiaan Barnard starb 2001 im Alter von neunundsiebzig Jahren auf Zypern an einem Asthma-Anfall. In der letzten Zeit war er allein gewesen, in Kapstadt hatte er in einem Apartment in der Nähe seiner Tochter gelebt, die sich nach der jahrzehntelangen Entfremdung wieder um ihn gekümmert hatte.

Mitleid war es, was seine Umwelt zum Schluss für ihn empfand. Auch die drei Kollegen in Amerika, mit denen er sich ein so erbittertes Rennen um die erste Herztransplantation geliefert hatte, fanden anlässlich des Todes ihres ehemaligen Rivalen nur bedauernde Worte. Sie hatten ihren Frieden mit ihm längst gemacht.

Kantrowitz, der bis zum Ende seines Lebens mit seinen Erfindungen und seiner Firma beschäftigt war.

Lower, der nach seinem aufregenden Leben darin aufging, in einem Armenkrankenhaus zu arbeiten.

Und Shumway, der weltweit respektiert und verehrt wurde und sich vor Ehrendoktorwürden kaum noch retten konnte.

Shumway war es auch, der am Ende seines Lebens sagte: »Vielleicht war es gut so, dass wir nicht die Ersten waren. Es war für mich gut so, wie es kam – for me, it just worked out fine.«

Zwei vergiftete Paviane

Noch ein letzter Nachtrag zu Christiaan Barnard, oder besser: zu Barnard und Bruno Reichart. Dieser hat damals als Nachfolger auch dessen Büro übernommen. Im Schreibtisch fand er einige beschriftete Dia-Hüllen, die Dias jedoch waren nicht dabei. Auf einer Hülle stand: »Hund mit zwei Köpfen«. »Ich fürchte«, sagt Reichart heute, »auch das hat er gemacht. Er kannte keine moralischen Grenzen.« Es gab in Kapstadt eine Situation, in der Reichart selbst beinahe über die Grenzen gegangen wäre. Fast hätte er sich vom Barnard-Virus der Skrupellosigkeit anstecken lassen.

Es lagen zwei Kinder in der Klinik, Neugeborene, die jeweils mit nur der rechten Herzhälfte auf die Welt gekommen waren. Es ging ihnen sehr schlecht, sie waren dem Tode geweiht, da es keine Chance gab, so kleine Herzen für eine Transplantation zu finden. Plötzlich war da die Idee: Wenn man ihnen Pavianherzen einpflanzt? Barnard hatte klinische Erfahrungen gemacht in dieser Richtung (siehe dazu auch letztes Kapitel). Sollte man es versuchen?

Reichart sprach mit den Eltern der beiden Babys und erzählte ihnen von diesem Plan, von dieser letzten Chance. Und die Eltern erklärten sich in ihrer Verzweiflung einverstanden: »If there are no other options, Doctor, please go ahead, by all means. We trust you!« Machen Sie es, wenn keine andere Möglichkeit besteht.

Man fand rasch zwei Paviankinder, die als geeignet erschienen für diese Operation. Es wurden diverse Vorbereitungen getroffen, die Transplantation war in greifbare Nähe gerückt. Doch eines Morgens lagen die beiden Paviane tot in ihrem Käfig. Sie waren vermutlich vergiftet worden.

»Ich habe es sofort verstanden«, sagt Reichart. »Irgendjemand in diesem Klinikum wollte mir sagen, das wollen wir nicht, das geht zu weit. Wir haben diese Sache abgebrochen, ich habe auch die Paviane nicht untersuchen lassen, was da genau geschehen ist. Ich war zu weit gegangen, das war ein Fehler. Hört sich vielleicht komisch an, aber für mich war das wie ein Zeichen. Ich habe für mein Leben daraus gelernt.« Seither hat Reichart voller Überzeugung in seine Teams immer Ethiker eingebunden, »wir dürfen nicht alles machen, nur weil es geht«.

Die beiden Neugeborenen in Kapstadt starben kurz darauf, ihnen war nicht zu helfen. Eine solch verwegene Transplantation hätte keines der Leben gerettet. Sie hätte niemandem etwas gebracht, außer der Eitelkeit des Chirurgen.

»Wer sind Sie?«

Es dauert dreizehn Tage, bis unsere Mutter nach der Operation bei vollem Bewusstsein die Augen aufmacht und den ersten Satz sagt. Sie liegt wieder in dem Zimmer mit dem Esel an der Wand. Am Tisch sitzt eine Frau. Sie hat eine weiße Stoffmaske vor Mund und Nase.

»Wer sind Sie?«, fragt unsere Mutter.

»Ich bin Ihre Sitzwache«, antwortet die Frau und fragt zurück: »Wissen Sie, wer Sie sind?«

Als klar ist, dass sie das weiß, erzählt ihr die Sitzwache die Ereignisse der zurückliegenden Tage.

Das Warten auf das Herz, die fünfstündige Operation, die Krisen auf der Intensivstation. Sie erklärt alle medizinischen Maßnahmen, die ergriffen wurden. »Das alles haben Sie überstanden«, sagt die Stimme hinter dem Mundschutz. »Sie sind sehr stark.« Und sie fügt noch hinzu: »Außerdem hatten Sie das sogenannte Durchgangssyndrom, das haben viele Patienten nach der langen Anästhesie, dem künstlichen Koma und den schweren Medikamenten. Sie waren verwirrt, hatten Wahnvorstellungen. Erinnern Sie sich daran, dass Sie dachten, Sie liegen an einer Bushaltestelle und niemand bringt Sie ins Krankenhaus? Sie haben Ihre

Söhne beschimpft und alle Ärzte …« Die Augen der Frau lächeln.

Unsere Mutter sucht in ihrer Erinnerung. Später wird sie sagen, dass diese Erlebnisse und Wahnvorstellungen gelegentlich wie ein Echo durch ihre Gedanken hallen, plötzlich und unerwartet.

»Woher wissen Sie das alles? Waren Sie immer hier bei mir?«

»Nein«, antwortet die Frau. »Ich bin nicht die normale Sitzwache. Die sitzt jetzt draußen auf dem Gang, eine junge Schwester. Ich bin Elke Reichart. Bruno Reichart ist mein Mann.«

Es ist wichtig, diesen Moment festzuhalten. Die beiden Frauen in Zimmer 226 der Station G3. Die eine, die jüngere, in Jeans und Bluse unter dem Kittel. Lange blonde Haare, blitzende blaue Augen. Sie hat den Duft der Straßen draußen an sich – oder vielmehr in sich, den Duft der Bäume, der Läden, der geschäftigen Menschen. Die andere schwach in ihrem Bett liegend, nackt unter dem Krankenhaus-Hemd, die lange Wunde unter dem Verband vom Aufschneiden des Brustkorbs. Sie ist umhüllt vom Geruch der Medizin, der alle Krankenhäuser durchzieht, der die Wirklichkeit aussperrt, die Zeit anhält – und nichts neben sich duldet.

Elke Reichart war gekommen, weil ihr Mann von dieser Patientin erzählt hatte. Sie wollte sie kennenlernen. Und aus dieser Begegnung sollte eine Freundschaft werden. Ein erstes Geschenk des neuen Lebensabschnitts nach der Transplantation. Unsere Mutter nannte diesen Abschnitt später ihr »geschenktes Leben«.

Manche Psychologen sagen, man soll immer auf den ersten Satz achten, den jemand von sich gibt bei einer Begegnung. Weil der ein Hinweis auf das Thema ist, das für die Person besonders bedeutsam ist. Die Frage »Wer sind Sie?« kann man getrost zur Überschrift für die Freundschaft der beiden Frauen erklären. Vielleicht wurde Ursula Lebert Journalistin, weil sie sich so sehr für diese Frage interessierte, immer und überall. Man muss sich das so vorstellen: kein Pfleger, kein Arzt, keine Putzhilfe, kein Fahrer eines Krankentransportes, keine andere Patientin, kein Mensch im Klinikum Groß-hadern, der diese Frage nicht gestellt bekam – falls er mit unserer Mutter zu tun hatte. Wenn man sie besuchte, wo und wann auch immer in den kommenden Jahren, die nie mehr ganz ohne den Geruch der Medizin sein sollten, hatte sie stets etwas zu erzählen. Hatte Geschichten parat, die eine Unterhaltung färbten und lenkten. Geschichten aus dem Leben der anderen.

Vielleicht wurde auch Elke Reichart Journalistin, weil sie sich sehr für Menschen interessiert. Jedenfalls fragt Patientin Ursula die außerordentliche Sitzwache Elke schon bei die-ser ersten Begegnung: »Wie lange kennen Sie Ihren Mann schon? Wie haben Sie sich kennengelernt?« Sie fragte das mit schwacher Stimme, sehr schwacher Stimme, und ihre Augen fallen dabei schon zu.

Aber Elke beantwortet Ursulas Fragen, stellt ihr später sogar ihre Notizen zur Verfügung, in denen sie das Leben in

Südafrika beschreibt: den Alltag der Reicharts mit Apartheid, dramatischen Schicksalen, medizinischen Pioniertaten und herrlichen Sommerabenden. Vieles, was die beiden Frauen miteinander besprechen, da darf man sicher sein, bleibt allein ihre Sache. Der Schutz der Quelle gehört schließlich zu den eisernen Grundsätzen von Journalisten. Aus Elke Reicharts Aufzeichnungen allerdings erzählt Ursula Lebert später immer wieder, liest sogar daraus vor. Sie gehören nicht nur zur Geschichte ihrer Operation, sondern auch zur Geschichte der Herztransplantation überhaupt.

Welche Farbe hat das Herz?

Elke Reichart: Südafrikanisches Tagebuch

Auf die Frage, wo die Seele sitzt, antwortet Bruno Reichart: »Für mich im Gehirn, ganz klar. Im Herzen sitzt sie jedenfalls nicht, egal, wie viele schöne Geschichten, Gedichte und Lieder dies vermuten lassen.«

Auf die Frage, was das Herz für ihn ist, antwortet er: »Eine Pumpe. Eine sehr eindrucksvolle Pumpe. Nichts weiter.«

Diese Fragen wurden Bruno Reichart immer und immer wieder gestellt. Zwischen 1984 und 1990 kam eine weitere Frage hinzu: »Welche Farbe hat das Herz?« In dieser Zeit war er der Leiter der Chirurgischen Abteilungen für Herz- und Lungenerkrankungen am Groote Schuur Hospital und am Red-Cross Children's Hospital in Kapstadt. In diesen Jahren, zum Ende der Apartheid hin, musste er in die Absurdität einer brutalen Realität eintauchen: Auf der einen Seite weiße Haut, auf der anderen Seite schwarze Haut, die darauf aufbauenden Unrechtsbeschlüsse der damaligen südafrikanischen weißen Regierung und die Gegenaktionen im Rahmen eines erbittert geführten Bürgerkriegs um gleiches Recht für alle.

Auf die Frage antwortete Reichart: »Unter der Haut sind die Farben der Organe alle gleich, das Herz ist immer und bei jedem eine rötlich braune Muskelpumpe.«

Als Bruno Reichart gemeinsam mit seiner zukünftigen Frau Elke nach Kapstadt kam und dort den Job antrat, dachte er, die Sache sei im Grunde gar nicht so schwer: Er werde die Nachfolge von Christiaan Barnard antreten, dem berühmtesten Herzchirurgen der Welt. Von dem war bekannt, dass er schon seit einigen Jahren ein bisschen müde geworden war, was angesichts seines Pensums an Unternehmungen aller Art niemanden verwunderte, und dass sein Department darunter ganz beträchtlich gelitten hatte. Also würde es doch wohl nicht so schwierig werden, alles wieder auf Top-Standard zu bringen. Wesentlich schwieriger jedenfalls wäre es, die Klinik eines engagierten und leidenschaftlichen Chefs wie zum Beispiel Norman Shumway in Stanford zu übernehmen. Dort funktionierte alles (und tatsächlich bis zum Moment der Übergabe an den Nachfolger, wie sich später herausstellen sollte). Wo sollte man da ansetzen? Wo etwas verbessern? Das wäre extrem schwer. In Kapstadt konnte man überall und sofort loslegen.

Kapstadt 1984, kurz vor Heiligabend
Das kleine Haus gehört der Universität, es heißt »Cydonia« und wird neuberufenen Professoren für die ersten Wochen in Kapstadt zur Verfügung gestellt. Cydonia – die Quitte. Symbol für Liebe, Glück, Klugheit, Schönheit, Beständigkeit und Unvergänglichkeit. Ein gutes Omen.
Drei Zimmer, der Garten fast vertrocknet, nirgendwo Zweige, mit denen man festlich dekorieren könnte. Aber rundherum explodieren die Akazien, in Gelb, Rot, Cremeweiß. Akazienblüten als Weihnachtsschmuck? Halten die über-

haupt in einer Vase? Ich gehe zurück ins kühle Haus. Auf dem Schreibtisch die noch eingeschweißten Weihnachtskarten mit der Botticelli-Madonna, mitgebracht aus München. Wie lange brauchen eigentlich Briefe von Südafrika nach Europa?

Unser erstes Weihnachten in Südafrika. Unser erstes Fest als Paar. Als ich gestern aus dem Flugzeug stieg, trafen mich der heiße Wind und eine Lautsprecher-Stimme: »Urgent! Prof. Reichart! Please call Groote Schuur Hospital!« Bruno Reichart war der Mann, von dem ich hoffte, dass er mich in der Halle erwarten würde. Bruno Reichart war zugleich aber auch der Herzchirurg, der schon in Deutschland vierundzwanzig Stunden am Tag im Dienst gewesen war. Die University of Cape Town (UCT) hatte ihn zum Herbst 1984 als Nachfolger des Pioniers der Herztransplantation, Christiaan Barnard, berufen. Und ich hatte meinen Reporterjob gekündigt, mein bisheriges Leben aufgelöst und war ihm nach Südafrika gefolgt.

First things first. Bruno hatte entschieden, dass diesmal der Patient warten muss, er stand in der Halle. Wir rasten mit dem neuangeschafften Uralt-Toyota ins »Cydonia« und schleppten zwei Koffer und den Katzenkäfig mit der wütenden Burmesin Beppi ins Haus, bevor Bruno wieder in der Tiefe des Groote Schuur Hospitals verschwand. Und natürlich hat auch der nächste Tag – also heute – in aller Herrgottsfrühe für ihn wieder mit einer OP begonnen. Kein gemeinsames Frühstück, keine Erkundungsfahrten durch die fremde Stadt, die neue Heimat. Nur das bekannte »Ich weiß nicht, wie lange die Operation dauern wird. Melde mich!«

Die Akazienblüte schrumpelt in meiner Hand in der Minute, in der ich sie pflücke. Beppi und ich setzen uns auf die »Stoop«, die typische südafrikanische Veranda, und betrachten unsere neue Heimat: voller Unruhe die kleine Katze auf meinem Schoß, ich müde von der Hitze, der Reise, der plötzlichen Ruhe. Zufrieden. Angekommen.

Irgendwann in meinem alten Leben, vor mehr als einem Jahr, hatte mich mein Chefredakteur mit einem Reichart-Porträt beauftragt. Dem Chirurgen war gerade die erste deutsche Herz-Lungen-Transplantation gelungen, er galt als zurückhaltend und ignorierte alle Gesprächsanfragen, auch meine. Bis wir uns zum ersten Mal gegenüberstanden, auf einem der üblichen »Meet-the-Press«-Empfänge Münchens. Am nächsten Tag rief er in der Redaktion an, das Interview begann. Und wurde nie geschrieben: Zu viel Nähe tut einer Geschichte nicht gut. Der Chefredakteur zeigte Verständnis.

Katze Beppi wagt ein paar vorsichtige Schritte auf dem Gras. Vor einem Jahr war Weihnachten noch spannungsgeladen gewesen, gemeinsam und doch nicht gemeinsam, wie es so ist in Zeiten der Veränderung. Nun aber »Merry Xmas« in Cape Town. Zusammen, wenn auch ohne Baum.

Bruno biegt um die Ecke, beladen mit Pinienzweigen, heimlich geschnitten im Wald unterhalb des Tafelbergs. Mindestens drei Kerzen werden darauf Platz haben, er strahlt voller Stolz. Beppi hat den Baum neben dem Küchenfenster erklommen, arrogant blickt sie auf uns herab und beginnt in diesem Moment ihr neues Leben als tapfere afrikanische Wildkatze.

Die eigentliche Herausforderung war Reichart zu diesem Zeitpunkt noch unbekannt. Das war der südafrikanische »Touch«, den er erst nach und nach kennenlernen sollte.

Als ziemlich Erstes verpflanzte er das Herz und beide Lungen eines jungen Schwarzen in eine weiße Frau, die Patricia hieß. Ein »Onkel« des Jungen hatte die Erlaubnis gegeben. Als Europäer fand Reichart sein Vorgehen normal, der Angehörige war von ihm aufgeklärt worden, er schien zu verstehen, und die Operation war letztendlich ein Erfolg gewesen. Einige Leute sahen das anders: Der Dekan der medizinischen Fakultät zitierte Reichart kurz danach in sein Büro, wo schon zwei Führer der schwarzen Freiheitsbewegung ANC warteten. Nelson Mandela, ihr Anführer, befand sich damals noch im Gefängnis auf Robben Island. Die beiden erklärten dem neuen Chefarzt mehr oder weniger freundlich, dass eine Organspende wie diese nicht in Frage käme, weil sie politisch nicht korrekt sei. Es war ein Anti-Apartheid-Manifest: Man wolle nicht, dass Weiße durch die Herzen von Schwarzen weiterleben. Der Dekan, ein Orthopäde, stimmte den Ausführungen mit sehr ernster Miene zu. »Schwarze« Herzen und Lungen als Spenderorgane – die für Reichart auch nichts anderes waren als die rötlich braunen Organe von Menschen, nur eben von Menschen mit schwarzer Hautfarbe – wurden somit definitiv zum Tabu erklärt.

Zur Erinnerung: Als Reichart 1984 in Südafrika ankam, befand sich das Land im Bürgerkrieg. Fünf Millionen Weiße, die meisten davon Buren, der kleinere Teil englischer Abstammung, gegen fünfzig Millionen Schwarze. Es herrschte brutale Apartheid: Das Leben der schwarzen Bevölkerung war komplett von dem der weißen getrennt. Das betraf das Wohnrecht ebenso wie zwischenmenschliche Beziehungen, die als amoralisch geächtet wurden. Schwarze hatten kein Wahlrecht, durften nur bis zum vierzehnten Lebensjahr die Schule besuchen, konnten dementsprechend nicht studieren und daher auch niemals einen Medizinberuf ergreifen: Es gab keine schwarzen Ärzte in der Klinik.

»Ich lernte zu verstehen, dass sich Kriege nie flächendeckend ereignen. Im Fall von Südafrika, und speziell in Kapstadt, fanden die Scheußlichkeiten in den Townships statt, wo die schwarze Bevölkerung laut Apartheidsgesetz wohnen musste. Dort wurde täglich gekämpft, sechs Tage in der Woche. Schwarze Rauchwolken verkündeten davon. Am siebten Tag, dem Sonntag, war Waffenstillstand. Dann gingen beide Parteien in die Kirchen, jeder in seine eigene und nach Hautfarben getrennt. Am Montag ging das Ganze dann wieder von vorne los.

Im Gegensatz dazu verlief der Alltag in den Stadtteilen der weißen Bevölkerung, in denen auch das Groote Schuur Hospital lag, fast friedlich. Die schwarzen Arbeitskräfte mussten am Abend in ihre Townships verschwinden, und es kehrte eine trügerische Ruhe ein«, erinnert sich Reichart an die erste Zeit in Südafrika.

Die Herzchirurgen in Kapstadt wurden Spezialisten im Versorgen von Herzstichwunden. Man operierte gleich in der Ambulanz, zur Verlegung in die OP-Abteilung blieb keine Zeit: Narkose, Abwaschen, Tücher drüber, und los ging es. Finger auf die Blutung an Herzen und Naht. Jeder Dienstarzt musste das können, zum Holen von Oberärzten oder gar vom Chef blieb keine Zeit. Die Ergebnisse waren exzellent, zudem waren die Opfer in der Regel jung und hielten eine Menge aus. Und: Polizeiermittlungen waren selten. Es war Krieg.

Im Vergleich dazu sah man zu Reicharts Zeiten in Südafrika Schussverletzungen in der Klinik selten, da die unmittelbaren Folgen einer solchen Auseinandersetzung risikoreicher waren, und damit die Chancen, das Groote Schuur Hospital lebend zu erreichen, geringer. Darüber hinaus konnte man davon ausgehen, dass ein Weißer der Täter gewesen sein musste, denn nur Weiße durften Schusswaffen tragen. Mit einer Ausnahme: Schwarze Hilfspolizisten in den Townships, die besonders gefährdet waren, da sie als Kollaborateure des weißen Regimes angesehen wurden, hatte man mit Schrotgewehren ausgerüstet. Nicht sehr effektvoll in einer Verteidigung von Leib und Leben. Es sei denn, man zielte dem Gegner in die Augen.

An einem Höhepunkt der Auseinandersetzungen mussten in Reicharts Klinik alle Herzeingriffe gestoppt werden, das Entfernen der dunklen Schrotkugeln aus den Augen von Verletzten hatte Vorrang.

Vor Amtsantritt hätte er es wohl auch nicht für möglich gehalten, dass zu seinen wichtigsten Utensilien auch ein kleiner, mit einer Antibiotikalösung gefüllter Plastikeimer gehörte, mit dem er regelmäßig zu den Obduktionen in der Gerichtsmedizin fuhr, um dort die Aortenklappen aus den Herzen der vielen, meist schwarzen Toten zu entnehmen. »Ein gespenstisches Szenario im Umfeld des heftig tobenden Bürgerkriegs«, erinnert sich Reichart.

»Der verantwortliche Chef, ein Gerichtsmediziner, erlaubte mir dieses Vorgehen.« Weil diese Herzklappen im Vergleich zu den teuren amerikanischen Prothesen aus Plastik und Metall oder fixiertem Schweinegewebe praktisch umsonst zu bekommen waren. Mehr noch überzeugte Reichart ein anderes Argument: Im Gegensatz zu den Organtransplantationen hatten hier die Empfänger in der Regel eine schwarze Hautfarbe. Ihre Herzklappen waren von einem akuten rheumatischen Fieber, das es in Europa schon lange nicht mehr gab, vernichtet worden. Und dennoch war das Prozedere wiederum nicht politisch korrekt, da es nicht mit den Führern abgesprochen war.

Ausbaden musste diesen schwelenden Dissens später einmal der Chef der Gerichtsmedizin, eigentlich ein sehr friedfertiger und hilfsbereiter Mensch. Reichart: »Lange nach meinem Weggang aus Südafrika wurde er deshalb vor die *Truth and Reconciliation Commission* (Wahrheits- und Versöhnungskommission) des anglikanischen Erzbischofs Tutu zitiert. Vor dieser Einrichtung wurden Verfehlungen, die sich während der Apartheid ereignet hatten, öffentlich aufgerollt und diskutiert. Über menschliche Tragödien, nicht selten mit tödlichem Ende, wurde berichtet, Emotionen kochten hoch, häufig flossen Tränen. Der Schuldige musste bereuen, und damit wurde ihm Absolution erteilt. Für immer, ähnlich wie nach einer katholischen Beichte.

Die *Schuld* des Gerichtsmediziners, der mir die Klappenentnahmen erlaubt hatte, wurde als gering angesehen und die Nachforschung beendet.«

Ausflug nach Simon's Town, heute Militärhafen, früher Winter-Ankerplatz für die Niederländische Ostindiengesellschaft und etwas später Stützpunkt der Briten. An der Hauptstraße ein historisches Gebäude neben dem anderen. Im holzgetäfelten, kühlen Pub bestellen wir zwei große Gläser mit Appletiser, dem prickelnden Apfelsaft, und viel Eis. Der Barmann schaut uns betreten an, dann hilfesuchend in die Runde. Niemand sagt ein Wort. Schließlich rafft er sich auf und sagt höflich und leise, dies sei nicht der richtige Ort für uns, wir sollten bitte wieder hinausgehen und den nächsten Eingang benutzen. Den für Weiße. Wir verlassen das Pub, beklommen.

In Brunos Klinik wurden vor seiner Ankunft weiße Patienten nur von weißen Schwestern betreut. Von denen es viel zu wenige gab, die meisten waren für mehr Lohn abgewandert in Privatkliniken. An farbigen Schwestern dagegen herrschte kein Mangel. Ein im wahrsten Sinne »ungesundes« Gleichgewicht, ein absurder Zustand. Inzwischen kümmert sich keiner mehr um die Hautfarbe, sondern jede Pflegekraft um jeden Patienten, und das soll nur der erste Schritt sein. Auch auf den Wachen – große Zimmer mit zwölf Betten, dazwischen ein langer Tisch mit Stühlen – soll es bald keine Rassentrennung mehr geben. Eine kleine Revolution wird das werden, ich bin gespannt.

26. April 1985

Hochzeit in Groot Constantia, dem ältesten Weingut in Südafrika, 1685 gegründet. Gleich in der Nachbarschaft der Avenue Picardie, in der unser neues schönes Haus steht. Mit Tafelberg-Blick und – wichtiger noch – akzeptabler Anbindung ans Groote Schuur Hospital. Zwanzig Minuten über den kurvigen Rhodes-Drive, Bruno schafft es mit dem Münchner Porsche in fünfzehn. Die Polizisten kennen ihn inzwischen und lassen Milde walten: »Dit is die Hart-Dokter van Hospitaal!«, melden sie auf Afrikaans über Walkie-Talkie ihren Kollegen hinter der nächsten Kurve, wenn der Herzdoktor mal wieder vorbeirast.

Dreißig Grad im Schatten, dabei ist der südafrikanische Sommer offiziell schon vorbei. Eine lange Tafel in der schattigen Eichenallee vor dem kapholländischen Herrenhaus. Es gibt Fisch und Bobotie, eines meiner neuen Lieblingsgerichte: gewürztes, überbackenes Hackfleisch auf Safranreis, vor langer Zeit von den Zuwanderern aus Malaysia mitgebracht, dazu Chutney. Und viel Constantia-Wein. Unsere Gäste – die neuen Kapstädter Freunde und Brunos Klinik-Kollegen – entscheiden sich für Sauvignon Blanc, schnell werden wir sehr fröhlich. Der Waiter heißt Dickie, ein Moslem, er trägt eine weiße Häkelkappe, hat extra für uns seinen freien Tag verschoben und hält eine ergreifende Rede auf die Liebe und die Ehe.

28. April 1985
Die Sonntagszeitung berichtet über den »Heart-Surgeon« und seine »Wedding« mit dem blonden »Sweetheart«. Der Fotograf hatte sich im Speicher vom Herrenhaus versteckt. Der »Spiegel« kommt spät, aber zuverlässig. Er schreibt über Demonstrationen zum fünfundzwanzigsten Jahrestag des

Massakers von Sharpeville und von mindestens dreiundvierzig Toten, von denen wir hier gar nichts wussten. Und dass Stevie Wonder im südafrikanischen Radio nicht mehr gespielt werden darf, weil er seinen Oscar für »I Just Called To Say I Love You« (aus dem Film »Woman in Red«) im Namen von Nelson Mandela angenommen hat. Über zwanzig Jahre ist Mandela, der Führer der schwarzen Befreiungsbewegung African National Congress (ANC), jetzt schon in Haft – drüben auf Robben Island, der Gefängnisinsel in der Tafelbucht, gut zu sehen vom Hafen. Beklemmend. Wir sind von allen Informationen abgeschnitten, die zensierten Soul-Songs von Stevie W. sind da sicher noch das Harmloseste.

Mai 1985

Afrikaans-Unterricht. Lauter erwachsene Schüler aus aller Welt, die Südafrikaner werden wollen. Afrikaans: neben Englisch eine der beiden Amtssprachen des Landes, bei der schwarzen Bevölkerung verhasst. Wichtig jedoch, wenn man als Journalistin endlich seine Akkreditierung bekommen oder verstehen will, was im Parlament vor sich geht.

Die bayerische Patientin Patricia G. liegt wieder im Groote Schuur. Wegen dramatischer Wassereinlagerungen: von 45 auf 51,6 Kilo innerhalb von wenigen Tagen. Sie wartet seit Monaten auf einen Herz-Lungen-Spender, in Deutschland fand sie keinen Operateur, darum reiste sie kurzerhand Bruno hinterher, Ehemann Werner und die beiden Kinder folgten nach. Die Familie hat ein möbliertes Haus gemietet, Werner eine Stelle bei einem Kabelverleger gefunden, die Kinder gehen in die deutsche Schule. So tapfer, die vier – aber die Nerven sind zum Zerreißen gespannt: finanzielle Sorgen, Sprachprobleme, die Kleinen finden keinen Anschluss. Wir unterstützen, wo es geht, aber wirkliche Hilfe könnten nur Spender-Organe bringen. Patricia trägt Tag und Nacht einen Piepser, damit die Ärzte sie überall erreichen können. Gestern plötzlich Alarm, Patricia brach fast zusammen vor Aufregung. Aber es ging nur um einen Bluttest, welch eine Enttäuschung. Danach trank sie viel mehr als erlaubt, jetzt geht es ihr schlecht.

Werner kommt zu mir, mit düsterer Miene: »Wir gehen zurück.« Aber Patricia will bleiben. »Irgendwann muss es doch klappen.« Sie schaut mich hoffnungsvoll aus ihren Kissenbergen an. »Ganz bestimmt!«, beruhige ich sie.

5. Juni 1985

Brunos Antrittsvorlesung, er spricht über Herz-Lungen-Transplantationen, der »Neue« und seine Kollegen von der medizinischen Fakultät tragen ihre traditionellen kardinalsroten Roben. Unter den Talaren der Muff von tausend Jahren … Hier nicht. Hier ist die Universität Hoffnungsträgerin in ihrem Kampf gegen die Apartheid.

Patricia, die vor einer Woche von einem schwarzen Spender ihre neuen Organe bekam, geht es gut, sie möchte unbedingt bei der Antrittsvorlesung dabei sein. Ein Sanitätsauto transportiert sie zur Jameson Hall, ihre Augen blitzen unternehmungslustig über dem Mundschutz, ihre Sätze voller Lebensmut werden von Bruno übersetzt.

Das sei ein unethischer Auftritt gewesen, ätzt Marius Barnard, Bruder von Chris und selbst Herzchirurg, hinterher gegenüber der Presse, die das kommentarlos abdruckt. Marius wäre selbst gern Nachfolger seines Bruders geworden, was man verstehen kann. Ein Leben lang im Schatten seines Bruders, und dann kommt auch noch dieser junge Deutsche ...

August 1985

Spaziergang in Kirstenbosch, die ersten Daisys blühen, wie beeindruckend die uralten Palmen und Farne doch sind! Wir überlegen, wie der Park wohl in fünfzig Jahren aussehen wird. Ob die schwarze Regierung – die dann an der Macht ist, daran haben wir keinen Zweifel – die Anlage, die zu den schönsten botanischen Gärten der Welt gehört, wohl weiterhin so aufwendig pflegen wird? Es gibt so viele andere Probleme im Land, die gelöst werden müssen. Wichtigere. Wichtigere?

Überall in den Townships wird jetzt gekämpft. Überall Aufruhr, Tränengas, Polizisten, Hunde. Die Zufahrt zur UCT ist abgeriegelt, weil auf den davorliegenden Rugby-Feldern demonstriert wird, ich parke bei den Studentenheimen und warte ab. Später kommen mir die Casspirs, die gepanzerten Truppentransporter der Armee, entgegen, aus den Luken schauen selbstbewusste junge weiße Soldaten auf mich herab, mit fröhlichen Gesichtern und aufgeklappten Helmen. Ihre gefährlichen Nilpferdpeitschen (Sjamboks), die üble Verletzungen verursachen, haben sie immer in der Hand. Bruno sagt, im Groote Schuur geht es zu wie im Krieg. Jedenfalls weisen die Verletzten dort ähnliche Wunden auf: Schussverletzungen, durch Granaten abgetrennte Beine und Arme ...

Die Polizei geht auch in die Hospitäler und sucht nach Verdächtigen, die Verwaltung hat ihre Zustimmung gegeben, die meisten Ärzte sind empört.

Der vierzehnjährige John, der ein neues Herz bekommen hat, sitzt auf dem Klinikgang und schaut fern. Eigentlich könnte er längst heim, aber wegen der Unruhen in seinem Viertel muss der junge Farbige noch bleiben. Das ist sicherer, hat Bruno beschlossen. »Morgen gehe ich zu meiner Familie«, sagt John und lacht mich an.

Nebenan liegt Mohammed F., ein zwanzigjähriger Student aus Johannesburg, ein fanatischer Moslem, vor drei Wochen bekam er Herz und Lunge eingepflanzt. Er liest mir aus seinem Tagebuch vor: über die Zeit vor der Transplantation, über seinen Freund, der ihm hilft und ihn aufrichtet (»dafür sind Freunde da«), über die Operation. Allah war immer bei ihm. Mohammed ist ein wenig heiser, aber nicht mehr so überdreht wie kurz nach der Transplantation.

Patricia und Familie sind abgereist. Ich denke oft an sie und wünsche ihr Glück.

September 1985

»Schreib alles auf, auch die unwichtigsten Kleinigkeiten«, sagt mir der zur Berichterstattung eingeflogene Chefreporter der »Süddeutschen Zeitung«, Hans Ulrich Kempski, beschwörend mit seiner unverwechselbaren Whiskey-Stimme. »Du erlebst eine ganz außergewöhnliche Zeit mit, das ist dir doch klar?« Er sagt auch: »Faszinierend, in einem Land zu leben, in dem das Dach noch nicht einstürzt, aber die Erde so sehr wackelt.« Dann reist er wieder ab.

Der Schweizer Kollege hat einen Ticker der südafrikanischen Nachrichtenagentur SAPA bekommen und oben auf seinem Speicher installiert. Immer wieder klettere ich barfuß die steile Hühnerleiter hinauf in der Hoffnung, irgendetwas Neues zu erfahren. Nur um dann im täglichen »Unruhen-Report« Falschmeldungen zu lesen wie diese: »Heute drei Zwischenfälle wegen Steinewerfens an der Autobahn.« Kein Wort über Tote, keines über Verletzte. In Südafrika, das ist bekannt, gibt es die zurzeit härteste Zensur der Welt. Tatsächlich wird selbst das Fahren auf der Stadtautobahn immer gefährlicher. Steine fliegen, um den Flughafen werden die Straßen ständig gesperrt. Freundinnen sagen zum Abschied nicht mehr »bye«, sondern »be careful«. Vickie schwört auf ihren kleinen Gummischläger, den sie in der Tasche hat, Rakie auf ihre Waffen im Haus: Revolver und Pistole. Anrufe aus Deutschland: »Geht ihr überhaupt noch auf die Straße?«

Der »Spiegel« schreibt über einen »Ring of fire« um Kapstadt.

Freitag, der 13., Brunos dreizehnte Herztransplantation in Südafrika. Der Spender ist ein zweiundvierzigjähriger Diakon der holländisch reformierten »Groote Kerk«, er war beruflich in den Slums unterwegs, als er von einem Backstein am Kopf getroffen wurde. Der Empfänger ist überglücklich, dreimal gab es bereits ein Herz für ihn, jedes Mal konnte er wegen Infektionen nicht operiert werden. Die Operation verläuft gut.

Wir fliegen nach Europa. »Gehst du für immer?«, fragt mich Karin, die Leiterin des Dance Studios, beim Abschied er-

schrocken. Es stellt sich heraus, dass sich jede aus meiner Fit-
ness-Truppe fragt, wohin man wohl auswandern könnte. Ich
kenne diese Dinner-Gespräche, sie sind nicht ernst gemeint,
schließlich gehen die Kinder hier zur Schule, schließlich hat
man hier das Haus.

Im Jumbo nach London drehe ich mich um, Kapstadt liegt
in flammend rotem Licht. Gott sei Dank kein Feuerring, nur
die Sonne.

Oktober 1985

Bruno, Ferdi und die Affen: Eine spannende Groote-Schuur-
Serie, jede Woche eine Fortsetzung. Bruno experimentiert
mit Pavianen. Er transplantiert Herz und Lungen und pro-
biert die Aufbewahrungsmöglichkeiten der Organe in verschiedenen, vier Grad kalten Elektrolytlösungen aus. Vier
Stunden sind schon zweimal gutgegangen, sechs Stunden
schlugen fehl, nun versuchen sie es mit fünf Stunden. Wichtige Forschung für die Transplantationsmedizin. Bisher hat
man Lungen – zu empfindlich für Long-Distance-Flüge –
nur verpflanzt, wenn sich Spender und Empfänger am gleichen Ort befanden. Patricias Spender zum Beispiel kam auch
aus dem Groote Schuur Hospital. Könnte man in Zukunft
auch Lungen transportieren, wäre das weltweit ein großer
Fortschritt.

Das Team trägt Netzhemden, grüne Schlafanzughosen und
halbhohe Gummistiefel mit draufgepinselten Namen. Kein
Joke – in diesem Outfit wird auch »drüben« in den Men-
schen-OPs gearbeitet. Ferdi, der schwarze Labor-Angestellte,
hat ein fotografisches Gedächtnis für Operationen: Er weist

Bruno jedes Mal streng darauf hin, wenn der irgendetwas anders macht als beim letzten Mal. ·

Die Straße zum Flughafen ist – ebenso wie viele andere auch – nur noch auf eigene Gefahr zu befahren. Tee-Einladung ins Konsulat: Sahnetorten und Sekt. Der Chauffeur verrät den deutschen Damen wichtige Tricks. Abwarten, bis ein Lkw kommt und dann in dessen Windschatten unter den Brücken, auf denen die Steinewerfer stehen könnten, hindurchpreschen. Er zeigt uns anhand von Büchern, wie ein perfekter Winkel ausschaut – wir stehen im eleganten Esszimmer und prägen uns alles ein. »Fahrt nie allein!«, trägt Lynette, die Immobilienmaklerin, zur Information bei, »zwei Köpfe im Auto machen mehr Eindruck als nur ein einzelner, noch dazu der einer Frau.«

Am nächsten Tag höre ich im Radio, dass empfohlen wird, im Auto nur noch mit Helm zu fahren – der einzig sichere Schutz gegen Steine von oben. »Soll das ein Witz sein?«, fragt mich Bruno ungläubig. Ganz bestimmt nicht. Hiobsmeldungen ohne Ende: Barrikaden in den Townships, militante Versammlungen von Bürgern, die ihr Eigentum schützen wollen, Verhaftung eines UCT-Professors.

Eine neue Herz-Lungen-Kandidatin hat sich angemeldet, aus Deutschland. Bruno lässt sie mit der Ambulanz vom Flughafen abholen, er denkt, das sei sicherer als mit einem Privatwagen. Ich fahre mit, wegen eventueller Sprachprobleme. Auf der Heimfahrt prasseln Steine auf unser Dach: Auf der Brücke stand ein Jugendlicher, fast noch ein Kind, erzählt mir später der Fahrer. Er hat keine Angst, er sitzt hinter einer Windschutzscheibe, die vor einiger Zeit mit einem

Drahtgitter verstärkt wurde. Die Patientin bekommt nichts mit. »Hat es gehagelt?«, fragt sie beim Aussteigen. Sie hat wichtigere Probleme: zweiundzwanzig Jahre alt, seit neun Jahren schwer krank. Am Abend besuchen wir sie noch einmal im Krankenhaus, sie sitzt im Bett und schreibt Briefe nach Hause. Erstaunlich ruhig und unbeeindruckt.

Mohammed ist immer noch da, wortlos nimmt er meinen Kuchen entgegen. Keine Zeit für Besuch, er schaut Horrorfilme, die drei Videos müssen morgen zurückgegeben werden. Zwei Tage später bringt mir Bruno eine Karte von ihm: »To Elke – thanks for the cake. I surely am pleased.«

25. Dezember 1985

Mohammed ist tot. Er hat lange gekämpft, vergebens. Eine schwere Virus-Infektion wurde ihm zum Verhängnis – ihm, der doch ein Musterpatient war! Auch der kleinen Patientin nebenan geht es schlecht, die Mutter glaubt zwar immer noch an die Kraft ihrer Tochter, aber ich bekomme jetzt Angst. Bruno, der düster neben mir steht, wage ich gar nicht zu fragen.

Der »Chief Medical Superintendent of Groote Schuur Hospital« gibt einen Xmas-Empfang in den offiziellen Räumen, danach verlassen wir deprimiert das Krankenhaus. Und fahren zu einem wunderschönen Mittagessen bei Freunden: eine festlich gedeckte Tafel auf der Terrasse in Camps Bay, Sonne, glitzerndes Meer, leichter Wind, fröhliche Gespräche, Geschenke. Ich komme langsam wieder zu mir.

Gäste aus Deutschland, dazu die Kapstädter Freunde. Tomaten und Mozzarella, Spinat-Lasagne, Cassata, diesmal auf unserer Terrasse mit Blick auf den Tafelberg. Südafrika brodelt, aber wir verbringen harmonische Abende, wie sie schöner nicht sein könnten. In den Townships fliegen die Steine und sterben die Menschen, hier klirren die Gläser. Ich schiebe die Gedanken beiseite.

Bruno kommt erst um halb neun dazu, nach einer Herztransplantation und einer Baby-Operation. Beide Eingriffe sind optimal verlaufen.

In dieser Nacht stirbt die kleine Herz-Lungen-Patientin vom November. Und ich verliere zum ersten Mal die Fassung. »Warum mussten Mohammed und die anderen sterben? Sind die Herz-Lungen-Transplantationen denn überhaupt noch zu vertreten? Warum gibst du nicht auf und beschränkst dich auf Herztransplantationen, die laufen doch perfekt? Oder auf die vielen kleinen Patienten?« Aller Frust, alle Trauer brechen aus mir heraus.

Bruno versucht, meine Emotionen mit Argumenten in den Griff zu kriegen. »Herz-Lungen-Transplantationen werden erst seit vier Jahren durchgeführt – wir sind noch ganz am Anfang, vergiss das nicht! Ich denke gar nicht daran, aufzugeben. Die Technik funktioniert, die Patienten überleben, sie überleben inzwischen immer länger! Wir müssen die medikamentöse Therapie optimieren, dann haben sie eine echte Chance. Deswegen bin ich doch jede Woche im Labor. Wie, glaubst du, ist es damals den ersten Herztransplanteuren ergangen? Besser?« Er schüttelt erschöpft den Kopf. »Afrika ist darüber hinaus noch ein schwieriges Land für Lungen-verpflanzungen, wegen der Tuberkulose, wegen der vielen Infektionen … Und du siehst doch, in welchem Zustand die Patienten zu uns kommen – kränker kann man gar nicht sein. Ausgemergelt, dauernde Erstickungsanfälle. Sie haben keine Alternativen zu Herz-Lungen-Transplantationen.«

Reichart sagt, er hätte alles am Apartheid-System verabscheut. Aber wie hält man das aus? Wie geht man um mit einem Alltag voller extremer Gegensätze? Welche Rolle spielen dann noch bisher als selbstverständlich vorausgesetzte Werte? »Meine Arbeit in Südafrika hat es mir leichter gemacht.« Seine Patienten kamen vorwiegend aus der schwarzen Bevölkerung, darunter viele Neugeborene und Kinder, die meisten so bettelarm, dass ihre Angehörigen die Kosten für eine Behandlung gar nicht übernehmen konnten. In diesen Fällen sprang die Kapprovinz ein und zahlte den Klinikaufenthalt. Das war das andere Gesicht der Burenminorität: Sie unterstützte die schwarze Majorität – aber eben nur auf Basis der Apartheid.

In der Klinik selbst legte Reichart ein europäisches Tempo vor und Münchner Maßstäbe an. Es gab viele Diskussionen, aber schon bald wurde der allgemeine Dienstbeginn von neun auf 7.30 Uhr vorverlegt. Bereits das war ein Kompromiss: Der deutsche Chef hatte zunächst sieben Uhr vorgeschlagen. Die akademische Ausbildung wurde strukturiert und die Rassenbeschränkung abgeschafft. Schwarze und farbige Schwestern pflegten sehr bald auch weiße Patienten. Gespendet wurde fortan nicht mehr weißes oder schwarzes

Blut, sondern ganz einfach nur noch Blut. Und in den Klinikzimmern lagen schwarze neben weißen Patienten.

Natürlich gab es deswegen auch Beschwerden, die an Reichart vorbeiliefen und direkt bei den zuständigen Behörden landeten. »Die sammele er in einem Schuhkarton, erklärte mir der zuständige, sehr freundliche Gesundheitsminister der Kapprovinz, aber auch Mitglied des gefürchteten geheimen Broederbundes, der mächtigen Geheimorganisation der einflussreichsten Männer im Burenstaat. Irgendwann werde er mir die Briefe schon zeigen. Der Minister starb jedoch plötzlich an einem Silvestertag. Sein Nachfolger vergaß den Inhalt des Kartons, das Ende der Apartheid war ohnehin abzusehen.«

Kapstadt, 7. September 1986

St. George's Cathedral am Company's Garden ist die Mutterkirche der anglikanischen Gemeinde in Südafrika und an diesem Sonntag total überfüllt. Bischof Desmond Tutu, international bekannter Menschenrechtsaktivist und seit 1984 auch Friedensnobelpreisträger, wird heute zum Erzbischof in Kapstadt ernannt. Von weit her sind die Gläubigen zu seiner »Krönungsmesse« angereist, auch die internationale Presse ist nach langer Zeit wieder einmal komplett vertreten. Ich stehe eingepfercht zwischen zwei Fotografen an eine Säule gepresst, an mir vorbei ziehen Bischöfe aus aller Welt in farbenprächtigen Gewändern, ein afrikanischer Bischof trägt eine Mitra aus Leopardenfell. Lächeln überall – ein Tag der Freude.

Drei schwere Schläge gegen die Nordwest-Tür – Einzug des

neuen Würdenträgers. »We welcome you in the name of the Lord«, jubelt die Kongregation, und es singt der Chor aus Soweto, jenes Township bei Johannesburg, der als Synonym für den schwarzen Wiederstand steht.

Auch St. George's wird in den kommenden Jahren zum Zufluchtsort der Apartheid-Gegner aller Rassen. 1989 leitet Erzbischof Desmond Tutu von hier aus eine Massendemonstration von dreißigtausend Leuten hinüber zur Grand Parade, dem größten Platz der Stadt.

Nachmittags eine Freiluftmesse vor über zehntausend Gläubigen im Stadion von Goodwood, einem Stadtteil in Kapstadt. Welch eine Symbolik: Der kleine schwarze Mann mit der riesigen Sonnenbrille, strahlend und voller Kraft, zwischen den hochgewachsenen weißen Anglikanern, dem Erzbischof von Canterbury, Robert Runcie, und dem Kapstädter Dekan E. L. King, die ihm die Insignien der Macht überreicht haben. Abends noch eine Pressekonferenz. Tutu ist selbst nach seinem Mammutprogramm der vergangenen Stunden noch begeistert bereit, auf jede der – fast ausschließlich politischen – Fragen einzugehen. »Ich bin gegen Sanktionen,« beteuert er immer wieder, »aber sagt mir: Gibt es Alternativen, um die Apartheid gewaltfrei zu beseitigen? Zeigt sie mir!« Keine Diskussion im Saal.

Ende 1986 verließen immer mehr der jungen, gutausgebildeten Ärzte das Land, es wurde immer schwerer, Oberärzte zu finden. Alle anderen herzchirurgischen Einrichtungen in Südafrika arbeiteten nur noch eingeschränkt, die UCT Herzchirurgie in Kapstadt war die einzige, die noch voll akademisch funktionierte, auch die Forschung hielt internationale Standards. Von hier aus konnte man immer noch leicht Karriere im Ausland machen, darum bestand bis zum Ende der Apartheid kein Mangel an jungen ehrgeizigen Medizinern. Die später irgendwo an den großen Zentren der Welt führende Positionen übernehmen sollten und mit ihrem damaligen Kapstädter Chef Reichart, ihrem »Prof«, bis heute engen Kontakt halten.

Reichart sagt, er habe aus Arbeitsgründen viel zu wenig von Südafrika gesehen, »abends oder an Wochenenden geschwommen im Meer, viel mehr war da nicht.« Fünf Jahre lang operierte er nahezu jeden Tag. Bis auf einen Montag im Jahr 1987, dem 12. Oktober. An diesem Tag wurden alle OP-Termine abgesagt (»Prof will get a baby!«) und ihm Schreibtisch und Stuhl in den Kreißsaal der Entbindungsklinik des Groote Schuur Hospital geschoben. Die Schwestern richteten Akten und Post akkurat zurecht und servierten ihm Tee, auf Wunsch auch Kaffee. Das Baby ließ sich Zeit, Reichart schrieb ein Kapitel über »Monoklonale Antikörper« für sein Herz- und Herz-Lungen-Transplantationsbuch und las es der gegenüber in den – sehr langsam einsetzenden – Wehen liegenden Elke abschnittsweise vor. »Sie fand es interessant, daran erinnere ich mich noch.« Irgendwann am Nachmittag war der Text fertig, und kurze Zeit später war das Baby, ein gesunder Junge, da. Perfect timing. Wundert es irgendjemanden, dass der kleine Bub Daniel Tennessee (in Erinnerung an Reicharts dortigen Aufenthalt 1973) Stefan (in Erinnerung an den Großvater) dreißig Jahre später beschlossen hat, Herzspezialist zu werden?

Das Baby ist da, Daniel, geboren am 12. Oktober um 16.04 Uhr in der Mowbray Maternity Clinic, der traditionellen Entbindungsklinik des Groote Schuur Hospital. Sie liegt zwei Kilometer vom »Mutterhaus« entfernt in einer – um es vorsichtig auszudrücken – nicht sehr ansprechenden Gegend und ist nur für weiße Frauen gedacht. Entsprechend ruhig geht es hier zu, im Gegensatz zu den Geburtsabteilungen für Farbige und Schwarze, die drüben in einem vierstöckigen Anbau des Groote Schuur Hospitals untergebracht sind und in denen am Tag bestimmt über hundert Babys auf die Welt kommen. Alle meine weißen Freundinnen und Bekannten haben ihre Kinder in den modernen Privatkliniken Kapstadts bekommen, für mich als die Frau von »die Hart-Dokter van Hospitaal« kommt das natürlich nicht in Frage. Hätte ich aber auch gar nicht gewollt. Allerdings ist mir nun, da ich mich zum ersten Mal ganz bewusst für eine Apartheid-Einrichtung, für »Whites only«, entscheide, nicht ganz wohl. Der Kreißsaal ist riesig und leer, ich bin die einzige Entbindende und warte ungeduldig darauf, dass endlich Wehen einsetzen. Bruno arbeitet mir gegenüber an seinem Schreibtisch an einem Buchkapitel, umsorgt von seinen Sekretärinnen und den Schwestern: »You want coffee, Prof? Or Tea?« Er hält mir Vorträge, und wir verbringen einen für alle Beteiligten nicht uninteressanten Tag, der am Nachmittag mit einem unspektakulären Kaiserschnitt endet.

Die Schwestern auf der Station sind farbig, am späten Abend versammeln sie sich nach und nach um mein Bett. Bruno ist heimgegangen, little Danny-Boy schläft in der kleinen Wanne neben mir, in der er auch gebadet wird. Praktisch und billig: Nach dem Bad wird das Plastik-Oval trockengewischt und mit Matratze, Decken und Kissen wieder als Bett verkleidet. Wir, Mutter und Kind, sind beide sehr angetan von dieser unkomplizierten Lösung, weil wir uns nicht trennen müssen und alles eher gemütlich vor sich geht.

Die Fragen, die mir die Schwestern stellen, kenne ich schon von allen Schwarzen, mit denen ich zu tun habe, ebenso ihre bestürzten Gesichter:»Keine Mutter? Keine Schwestern? Keine Tanten?« Es geht ihnen um weiblichen Beistand für die besonderen Tage nach einer Geburt, die unbedingt und mit vielen Gefühlen zelebriert werden müssen – Bruno zählt dabei ausnahmsweise einmal nicht. Ich schüttele den Kopf. In dieser Nacht bleiben Daniel und ich jedoch nicht allein: Immer wieder kommen die»Nurses« zu uns ans Bett, sie singen und reden und lachen und freuen sich mit mir über das neugeborene Kind. Südafrikanische Magie. Eine Zaubernacht.

Dezember 1988

Bruno bekommt einen Brief von einem jüdischen Patienten, der vor kurzem nach erfolgreichem Eingriff wieder nach Hause entlassen wurde. Ein Arzt aus Clifton, der sein Leben lang nur weiße Patienten behandelt hat. Im Groote Schuur Hospital lag er in einem Zwölfbettzimmer mit Farbigen und Schwarzen zusammen, alle Mahlzeiten wurden miteinander eingenommen, die Tage nebeneinanderliegend verbracht. Eigentlich hätte er aufgrund seiner komfortablen Finanzverhältnisse in eine Privatklinik gehen müssen, aber wegen seiner schweren Erkrankung der Herzklappe wollte er unbedingt von Bruno operiert werden. »Danke, dass Sie für mich eine Ausnahmegenehmigung erwirkt haben«, schreibt er, »danke, dass ich diese neuen Erfahrungen machen durfte. Ich habe diese Tage in der Klinik sehr genossen, so absurd das klingen mag. Ich glaube, ich habe das neue Südafrika erlebt. Vor der Zukunft habe ich nun keine Angst mehr.«

Kapstadt, Südafrika, Christmas Day 1989. Hochsommerhitze, die Strände und Restaurants der Stadt sind überfüllt. Auf den Stationen des Kinderkrankenhauses Red-Cross leisten die Ventilatoren Schwerstarbeit und lassen die von den Schwestern gebastelten bunten Papiergirlanden abenteuerliche Pirouetten vollführen. Die kleinen Patienten auf der Herzstation sind allerbester Stimmung, sie tragen lustige Papierhüte, sind mit Puppen, Stofftieren und Matchbox-Autos beschenkt worden und haben für kurze Zeit alle Schmerzen vergessen. Mittendrin: Das Xhosa-Mädchen Nobomi, das erst vor wenigen Tagen ein neues Herz bekommen hat. Das tapferste Mädchen von allen, sagt Reichart.

Sie stehen zu dritt am Bett, der Professor, seine Frau und sein kleiner Sohn. Nobomi zeigt stolz ihre neuen Puppen, sie strahlt. Sieben Wochen ist es her, dass die Vierzehnjährige plötzlich vor dem Hospital auftauchte. Der Fahrer eines großen schäbigen Busses hatte sie aus der Transkei, dem damals ärmsten Homeland Südafrikas, mit nach Kapstadt genommen und persönlich an die Pforte begleitet. Ein kleiner Umweg, denn die eigentliche Bus-Endstation lag woanders. »Herzchirurgie? Im ersten Stock!«, sagte der (schwarze) Pförtner, und Nobomi marschierte los. Zwölftausend Kilometer, eineinhalb Tage Fahrt. Sie hatte sich allein auf die Reise gemacht, das Geld reichte nur für ein One-Way-Ticket. Ein Missionsdoktor hatte ihr gesagt, dass sie schwer krank sei, dass sie ein neues Herz brauche und dass sie das in Kapstadt bekommen würde. Am Busbahnhof hatte ihr die Mutter zugewinkt. Es war höchste Zeit, dass Nobomi ärztliche Hilfe bekam – die Diagnose des Transkei-Arztes, nur mit Hilfe seines Stethoskops und eines alten Röntgengerätes erstellt, war richtig gewesen. Ohne Transplantation würde sie bald sterben. Die katholischen Nonnen von St. Josephs, einem Missionshaus am Stadtrand, nahmen das Xhosa-Mädchen während der – zum Glück nur kurzen – Wartezeit auf. Geld für Kost und Logis wurden in einer Weihnachts-Benefiz-Aktion gesammelt, es reichte auch für ein wenig Unterstützung für die Mutter daheim. Nobomi war ein kluges Mädchen, schon bald sprach sie mit ihrer sanften Stimme ein paar Worte Englisch. Sie hatte ihr neues Herz Mitte Dezember erhalten. Es stammte von einem Menschen mit weißer Hautfarbe. Für Reichart war damit ein Circulus vitiosus durchbrochen, der sich am Anfang seines über fünfjährigen Aufenthalts aufgetan hatte. Auch in Südafrika würde es in Zukunft bei Organverpflanzungen keine Rassentrennung mehr geben.

29. Dezember 1989

Hundertfünfzig internationale Flüge pro Saison: Im Jahr 1989 ist der Kapstädter Flughafen noch immer klein und unbedeutend, erst in den Jahren nach der Apartheid wird er einen rasanten Aufschwung erleben. Wir fallen auf mit unseren unzähligen Koffern und Kisten, ein quirliges Chaos inmitten der kaum bevölkerten Halle, in der große Deckenventilatoren die Hitze hin- und herschaufeln. Ich bin am Check-in-Schalter und warte als Einzige darauf, dass irgendwann einmal irgendjemand kommen wird, um unseren Flug abzufertigen. Zielort: München. Heimkehr nach fünf Jahren Südafrika.

»Ausgerechnet jetzt gehst du?« Die Journalisten-Kollegen können es gar nicht glauben. »Es kann sich nur noch um Wochen handeln, bis Mandela freigelassen wird! Nun hast du so lange Apartheid miterlebt, nun solltest du darüber aber unbedingt auch noch berichten.« Ja, das wäre spannend, es wäre auch die Erfüllung einer meiner Träume. Aber Bruno hatte ebenfalls einen großen Traum – und der hat sich ein wenig früher erfüllt. First things first, wie immer. Schon in drei Tagen wird er seinen neuen Job antreten als Ordinarius für Herzchirurgie der Münchner Universität. Das war immer sein Fernziel, das er jetzt erreicht hat. Ich für meinen Teil werde mir – hoffentlich bald – Mandelas erste Minuten in Freiheit im deutschen Fernsehen anschauen.

Der Schalter ist noch immer unbesetzt. Ich setze mich auf den Treppenabsatz daneben und beobachte unser Feldlager, das sich aus irgendwelchen Gründen immer weiter auszudehnen scheint. Daniel, inzwischen zwei Jahre alt, kniet vor der blauen Katzen-Reisekiste, in der eine wütende Beppi einen Riesenaufstand macht. Er versucht, das Schloss zu öffnen und seine kleine Kameradin zu befreien. Die vielen Freunde, die uns zum Abschied begleitet haben, reden auf ihn ein, nennen ihn abwechselnd »Danny-Boy« oder liebe-

voll bei seinem Xhosa-Nicknamen »Guggelux« und bemühen sich, bisher noch vergeblich, ihn für etwas anderes zu
begeistern.

»Was wirst du am meisten vermissen?« Das bin ich auf den
vielen Abschiedspartys der letzten Monate oft gefragt worden.

Ich lasse meinen Blick über die Gruppe von Menschen
schweifen, die uns zum Flughafen begleitet haben. Sie alle,
durch die Kapstadt zu einer Heimat wurde, werde ich vermissen: Wiebke und Gabriele, Henning und Reinhard, die
beiden Barbaras, Horst, Mazal, Peter, Suzann, Anton, Beat-
tie und ihren kleinen Sohn Martin, der Daniels »Big Bro«
geworden ist … Und das im Vergleich zu Europa so viel ein-
fachere und dennoch so schöne Leben: die unkomplizierten
Gastfreundschaften, die Strandspaziergänge, die Picknicks,
die Natur.

Vielleicht werde ich sogar vermissen, dass wir nicht mehr
jeden Tag mit irgendwelchen, mitunter existenzbedrohen-
den Problemen fertig werden müssen. Ich denke an Brunos
Bemerkung neulich: »Jetzt haben wir zwei Wochen lang keine Dramen mehr gehabt, wahrscheinlich müssen wir bald
doppelt und dreifach dafür büßen.« Eigentlich erstaunlich,
dass wir immer wieder für alles eine Lösung fanden. Das war
gar nicht schlecht für das Selbstbewusstsein und den Selbst-
respekt.

»Can I help you?« Die Stewardess öffnet mit lautem Rattern
das Gitter vor dem Schalter. »Yes.« Ich stehe auf und gehe zu
ihr. »Reichart-family back to Munich. Two adults, one child,
one cat«.

Scrabble spielen gegen den Tod

Als unsere Mutter erkrankt, hat sie schon eine lange Krankheit hinter sich – die Krebsgeschichte ihres Mannes. Sie kennt also die Reaktionen der Umwelt, einiger merkwürdiger Freunde und vieler Bekannter. »Schrecklich, so arm, so ungerecht, ich bewundere dich, wo nimmst du, wo nehmt ihr nur die Kraft her, das alles auszuhalten?« Solch dämliches Zeug wird geredet, manchmal aus Hilflosigkeit, das geht noch, aber manchmal hat solches Gerede den schlichten Zweck, eine Mauer zu bauen. Hier seid ihr, die Kranken, und dort sind wir, die Gesunden. Und wir Gesunde rufen euch Kranke ab und zu ein paar liebe Worte rüber, zur Beruhigung unseres schlechten Gewissens.

Mitleid zur Haltung gemacht, kann eine sehr kalte Angelegenheit sein.

Norbert Lebert bekam seine Krebsdiagnose, Darmkrebs, da war er achtundfünfzig Jahre alt. Er war vierundsechzig, als er starb. Ein schreckliches Schicksal, so kann man es sagen. Er selbst sah das nicht so. Er sagte immer, er hatte viel Glück in seinem Leben, als kleiner Wurm von seiner vierzehnjährigen Mutter im Jahr 1929 in die Welt gestoßen, doch diese miesen Voraussetzungen führten zu tollen, spannenden vierundsechzig Jahren. Sicher, das Ende kam zu früh, er hätte noch gerne weitergelebt, denn er war ziemlich verliebt ins Leben. Er hatte noch viele Pläne.

Sechs Jahre Krebs, und dann kam der Tod. Sechs Jahre Elend. So kann man das sehen. Es war tatsächlich viel Schreckliches dabei. Schwindende Kräfte, immer wieder zerplatzende Hoffnungen. Schmerzen, besonders nachts, lange Stunden alleine am Wohnzimmertisch. Und schließlich die Gewissheit, nach der soundsovielten Chemotherapie: Es ist vorbei. Austherapiert, sagten die Ärzte. Sechs Jahre Elend? Er sah es nicht so.

Die Philosophin Susan Sontag hat einmal geschrieben: »Krankheit ist die Nachtseite des Lebens, eine eher lästige Staatsbürgerschaft. Jeder, der geboren wird, besitzt zwei Staatsbürgerschaften, eine im Reich der Gesunden und eine im Reich der Kranken. Und obwohl wir alle es auch vorziehen, nur den guten Ruf zu benutzen, früher oder später ist doch jeder von uns gezwungen, wenigstens für eine Weile, sich als Bürger jenes anderen Ortes auszuweisen.«

Für unseren Vater bekamen die letzten Jahre eine sehr eigene Intensität. Das Gefühl, die Ressource Zeit wird knapp, ließ ihn einigen Ballast abwerfen. Er beendete schal gewordene Rituale, unerfreuliche Arbeit, langweilige Freundschaften. Das Ehepaar Lebert war durchaus zu einem schwierigen Gesprächspartner geworden. Als mal eine alte, ewig unzufriedene Freundin von ihren Plänen berichtete, wieder einmal ihr Haus umzubauen, bekam sie plötzlich kein vorgespieltes Interesse zu hören, sondern die Frage: »Willst du nicht endlich damit anfangen, dein Leben umzubauen, anstatt immer wieder dein armes Haus?« Es sollte der letzte Besuch der Freundin gewesen sein.

Mit wirklich guten Freunden kam es zu Gesprächen, die vorher nie geführt wurden. Unser Vater hatte als zehnjähriger Bub einen sehr engen Freund, es war eine Beziehung, die ein ganzes Leben halten sollte. Der eine, Norbert Lebert, war ein begeisterter Hitlerjunge, der andere, er hieß Robert Kiefhaber, war ein Jude und blieb nur halbwegs unversehrt, weil er Sohn eines hochangesehenen Münchner Arztes war, den die Nazis wegen seiner Fähigkeiten gewähren ließen. Nie hatten die beiden Freunde darüber gesprochen, damals nicht als Buben und später als Erwachsene auch nicht. Erst am Schluss kam es dazu. Es war ein warmer Frühlingstag, sie saßen im Garten vor Kaffee und Kuchen. Es war ein schönes Bild, sie beide dasitzen zu sehen. Was herausgekommen ist? Kein Ergebnis, natürlich nicht. Der eine hat sich bei dem anderen entschuldigt, für damals, und der andere sagte, das brauchst du nicht, wir sind Freunde, wir waren es immer, auch damals.

Unser Vater war nicht religiös, auch nicht auf den letzten Metern. Er schrieb bis zuletzt an einem Buch, eine Art Weltgeschichte der Erfinder. Und er wurde am Ende ein sehr bescheidener Mann, auch aus Respekt vor den Grenzen des Lebens. Mir bleibt eine Szene auf ewig in Erinnerung, da saß er schon sehr abgemagert auf einer Parkbank in der Münchner Sonne, und er sagte: »Das ist jetzt also mein letzter Sommer.« Und dann: »Ich habe früher immer gedacht, wenn man alt ist, kurz vor dem Tod, hat man vom Leben eine Menge begriffen, das muss doch so sein. Ich sage dir, ich habe gar nichts begriffen. Und weise?« Er lachte.

Warum nur bauen so viele Menschen diese Mauer auf zwischen den Gesunden und den Kranken? Dabei ist nichts so sicher, dass jeder irgendwann zu den Kranken gehört, auch zu den Todkranken. Will man nicht erinnert werden, an die eigene Sanduhr des Lebens? Hält man die Kranken deshalb auf Distanz, weil sie im Grunde die alles entscheidende Frage formulieren: Verhalten wir uns in unserem Leben der Tatsache angemessen, dass es mehr oder weniger bald zu Ende geht?

Unsere Gesellschaft hat es sich angewöhnt, bei kranken Menschen als Erstes nach Ursachen zu fragen, als könnte man sich die Krankheit so vom Leibe halten. Man lebe ja gesünder. Man werde sicher auch gesund sterben. Norbert Lebert war ein starker Raucher. Klar, was da sofort kam: Hätte er damit nur aufgehört.

Als unsere Mutter erkrankte, als ihr Herz nicht mehr wollte, hieß es: Na, sie hat auch immer gerne getrunken. Viel Wein, auch gerne ein Gläschen schon mittags. Konnte ja nicht gutgehen.

Ihre Krankheit begann, da lebte ihr Mann noch. Es gab noch einige Wochen, da ging es beiden in manchen Nächten nicht gut. Er hatte starke Schmerzen in den Knochen, sie bekam keine Luft. Was tun in einer solchen Situation? Sie spielten Scrabble, ihr Lieblingsspiel. Sie hatten es so oft gespielt, als es ihnen gutging. Warum nicht auch jetzt.

Als ihr Mann starb, blieb unsere Mutter alleine zurück. Zu uns sagte sie: »Ich schaffe das, das Leben alleine. Es wird brutal, aber es wird klappen. Liebe kann doch nicht bedeuten, dass man zugrunde geht, wenn der andere nicht mehr da ist. Dann wäre die Liebe ja was Schreckliches. Ist sie aber nicht.«

Ein gewisser Herr Heller

Festung der Hoffnung: Am Vormittag, als die Patientin Ursula Lebert im Klinikum Großhadern entlassen werden soll, steht plötzlich ein kräftiger, braungebrannter Mann in ihrem Zimmer 226 und sagt: »Heller ist mein Name. Ich bin Ihr Taxifahrer, ich bringe Sie in die Reha.« Er nimmt ihre Tasche und reicht ihr seinen Arm, um sie zum Ausgang und seinem Taxi zu begleiten. Er sagt: »Wir werden öfters miteinander fahren.«

Wie sich später herausstellt, wird dieser Taxifahrer immer dann gerufen, wenn es darum geht, Herztransplantierte zu transportieren. Der Grund ist so einfach wie genial: Herr Heller hat selbst ein fremdes Herz in der Brust, ist acht Jahre zuvor von Bruno Reichart operiert worden. Er ist also nicht nur Taxifahrer, sondern auch ein Botschafter für die Aussicht auf ein neues Leben. Und einer, mit dem die Patienten ganz anders reden können – über Ängste, Krisen, geheime Gedanken und Fragen, die man den Ärzten nicht stellt.

»Ärzte glauben ja oft, dass sie für Patienten gute Gesprächspartner sind«, sagt Bruno Reichart. »Aber das stimmt nicht. Weil sie sich in die Situation der Patienten nicht hineinversetzen können. Ich habe meinen Studenten immer wieder erklärt, dass ein kranker Mensch in einem Ausnahmezustand ist. Man darf nicht irritiert sein, wenn er nicht so reagiert, wie man das gern hätte. Manche Ärzte sind beleidigt, wenn ein Patient, nachdem er eine schlimme Diagnose erfahren hat, eine zweite Meinung einholen will. Versuchen Sie, sich in seine Lage zu versetzen, das muss man jungen Ärzten sagen, und wenn es nicht gelingt – dann akzeptieren Sie wenigstens diese Tatsache.«

Als der Taxifahrer Heller mit seinem Fahrgast durch den Gang der Station G3 geht, sehr langsam und sehr vorsichtig, werden die beiden Zeugen folgender Szene: Reichart kommt aus dem OP in die Station, sieht einen Patienten in einem Rollbett auf dem Gang und sagt zu einem Arzt: »Dieser Patient lag schon vor Stunden hier auf dem Gang. Warum ist er nicht in einem Zimmer? Wissen Sie, wie es sich anfühlt, hier krank und halbnackt im Gang herumzuliegen?«

Schließlich haben die beiden das Taxi erreicht, sitzen angegurtet nebeneinander, und Herr Heller startet den Motor: »Was haben Sie für Urlaubspläne?«, fragt er, als sich der Wagen in Bewegung setzt.

»Manchmal komme ich mir vor wie eine Bergsteigerin, und diese Transplantation ist der Mount Everest«, sagt unsere Mutter an einem strahlenden Sommertag. »Ich weiß noch nicht, ob ich jetzt schon am Gipfel bin, aber wenigstens habe ich mal eine Verschnaufpause.« Sie sagt das in eine Decke gehüllt, in einem Sessel sitzend, vor einem Fenster mit Blick auf Wasser und Schwäne. Die Lauterbacher Mühle ist ein Reha-Zentrum an den Osterseen. Es gibt einen medizinischen Trakt mit diensthabenden Ärzten, aber auch eine Bibliothek, einen Filmvorführraum, es hängen Anschläge an schwarzen Brettern mit Ankündigungen von Lesungen, Diskussionen, Meditationskursen … Die Zimmer sind hell und freundlich, manche haben Balkone. Die Menschen, die auf den schönen Spazierwegen umhergehen, im Frühstücksraum sitzen oder auf der Terrasse Schach spielen, haben Herzinfarkte hinter sich, Transplantationen, Bypass-Operationen, in jedem Fall schwere Steigungen des Lebensweges. Lauter Bergsteiger bei einer Verschnaufpause.

Die Autos, die vorfahren, entladen andere Menschen. Blumensträuße haben sie dabei oder verpackte Geschenke, Kinder haben sie manchmal an der Hand. Manche kommen zum ersten Mal, man erkennt sie an den zögerlichen Schritten auf dem Kies, mit denen sie sich den weißgetünchten Gebäuden nähern. Andere bewegen sich schnell und sicher wie auf Schienen, Einzelne meistens, oft ohne Mitbringsel: kurz beim Vater vorbeischauen oder der Oma, schon zwanzigmal hiergewesen.

Reha-Aufenthalte dauern lang. Auch für die Angehörigen der Kranken sind sie Pausen, kleine Auszeiten der ganz großen Sorge: Bis hierhin jedenfalls geschafft, so weit, so gut.

Unsere Mutter schläft viel während ihrer Zeit in der Lauterbacher Mühle, meistens in ihrem Sessel. Es passiert, dass sie während eines Gesprächs wegdöst und bald tief und ruhig atmet. So kommt es, dass man während eines Besuches bei ihr auch mal alleine zum See geht und auf einer der Bänke Platz nimmt.

Die beiden Frauen, die sich an diesem Sommertag dazugesellen, sind in guter Stimmung und zum Gespräch aufgelegt. Beide haben dieselbe Frisur, denselben am Hinterkopf gebundenen Knoten. Aber die Haare der einen Frau sind weiß, die der anderen grau. Mutter und Tochter, wie sie selbst schnell mitteilen. Die eine sechsundachtzig Jahre alt, die andere sechsundsechzig. Die ältere ist die Reha-Patientin. Bruno Reichart hat in ihrer Brust in einer stundenlangen Operation fünf Bypässe verlegt, damit das Blut wieder fließt und das Herz wieder richtig schlagen kann. Sechs Wochen ist das her. Die Tochter erzählt: »Der Professor hat mich mal richtig geschimpft, richtig wütend war der, du lieber Himmel, hat der mich geschimpft.«

Der Mutter ist es nach der Operation nicht gutgegangen. Intensivstation, die künstliche Beatmung, die tausend Apparate, die blinkten und fiepten, die tausend Schläuche, die in den Körper hinein- und aus dem Körper herausführten – und dazu noch ständig die neuen medizinischen Krisen. Schon seit Tagen ging das so. Da hatte die Tochter ihren ganzen Mut zusammengenommen und war ins Zimmer des Chefarztes vorgedrungen. »Ich hab erst rumgedruckst, es ist mir so schwergefallen zu sagen, was ich sagen wollte.«

Herr Professor, kann meine Mutter das überhaupt noch schaffen? Ist es vielleicht besser, wenn wir sie nicht länger quälen, sondern gehenlassen?

Das war ihre Frage.

»Da ist der Reichart aufgesprungen und hinter seinem

Tisch vorgestürmt. Wie bitte?, hat der gesagt. Fällt Ihnen nichts Besseres ein? Ich habe Ihrer Mutter versprochen, dass sie gesund wird! Und Sie verlieren jetzt schon die Nerven, stehen hier rum, während Ihre Mutter um ihr Leben kämpft! So hat der geredet mit mir. Richtig laut ist er geworden. Sie sollten in der Intensivstation an ihrem Bett sitzen und ihre Hand halten, hat er gesagt, das sollten Sie tun! Ihre Mutter wird gesund, und sie wird vor Ihnen stehen.«

Die Frau mit den weißen Haaren hört ihrer Tochter aufmerksam zu, während sie das schildert, wahrscheinlich nicht zum ersten Mal. Die eine erzählt es gern – die andere hört es gern. Sie haben beide dasselbe feine Lächeln, und jetzt scheint es, als sei das der Mutter noch ein wenig feiner.

»Er hat ja recht behalten«, sagt sie. Dann schließt sie die Augen und streckt ihr Gesicht in die warme Abendsonne.

————————

Muss unsere Gesellschaft das Sterben anders organisieren, Herr Reichart? Brauchen wir neue Regeln für unseren Tod?

»Ich verstehe diese Diskussion nicht. Sie ist zu weiten Teilen geradezu absurd. Wenn Patienten oder Angehörige von Patienten kommen und sagen: Herr Doktor, hier ist die Patientenverfügung, dann sage ich: Die können sie ruhig im Nachtkästchen lassen. Sie interessiert mich nicht. Die Sache ist im Wesentlichen doch ganz einfach: Ein Patient liegt in einer schweren Krisensituation auf der Intensivstation. Wir behandeln ihn, solange wir eine Chance sehen, dass dieser

Mensch überlebt. Von außen betrachtet, sieht das oft hoffnungslos aus, ist es aber nicht. Wir wissen, was wir tun. Wenn nun ein Angehöriger kommt und sagt, der Patient hat in seiner Verfügung geschrieben, er will nicht abhängig von Maschinen sein: Soll ich den Patienten deshalb umbringen? Nein, ich ignoriere das. Schauen Sie, ich habe beides erlebt, Angehörige, die betteln, man solle den Patienten sterben lassen, und Angehörige, die betteln, wir sollen weiterbehandeln, nachdem wir ihnen sagten, es gibt keine Hoffnung mehr. Meine Erfahrung sagt, das lässt sich immer vernünftig klären, wenn man mit den Angehörigen redet.

In extremen Fällen mag es dann die Situation geben, dass der Patient in einem hoffnungslosen Zustand nur noch von Maschinen abhängt. Doch das kommt sehr selten vor, vielleicht dreimal im Jahr, und auch da sind wir immer zu einer vernünftigen Lösung gekommen: Im Einvernehmen mit den Angehörigen wird die volle Therapie eingestellt, die Behandlung beschränkt sich auf Grundsätzliches. Also: die minimal notwendige Sauerstoffzufuhr zum Beispiel, Infusionen von klaren Flüssigkeiten. Der unausweichliche Tod kommt dann sanft und schnell – im Beisein der Angehörigen, wenn sie das wünschen – auch ein Priester kann anwesend sein. Die ganze Intensivstation bewegt sich in dieser Zeit auf Zehenspitzen.

Ich glaube deshalb, dass wir ein bisschen unseren gesunden Menschenverstand verloren haben. Man möchte alles regeln und organisieren, sogar das Sterben. Man möchte jede Unsicherheit ausschließen, so ist das Leben aber nicht. Das Gefühl, dass Geschichten einen Anfang, einen Mittelteil und leider auch ein Ende haben, ist uns abhandengekommen. Das ist oft sehr, sehr traurig. Aber das kann man nicht mit Paragraphen regeln, das muss man aushalten.«

Leben oder joggen?

Operation, Intensivstation, Klinik, Reha – das sind alles Ausnahmesituationen. Der Mensch wird aus seinem Leben gerissen, verliert jede Kontrolle, gibt alle Verantwortung ab. Er ist nie allein, er muss sich um nichts kümmern, er hat nur eine Aufgabe: zu überleben, das Ganze zu überstehen. Aber irgendwann meldet sich der Alltag zurück, taucht zunächst ganz fern am Horizont auf, wie eine Fata Morgana, aber das Bild wird bald schärfer. Sehnsucht danach entsteht – und Angst davor. Ihre Rückkehr in den Alltag beschreibt unsere Mutter später folgendermaßen:

»Irgendwann finde ich, dass die Suppe gar nicht so schlecht schmeckt. Irgendwann häufe ich grünen Salat auf meinen Teller, und die Banane auf dem Nachtisch riecht nicht mehr nach ranzigem Käse. Der Frühstückskaffee ist stark und gut, und irgendwann kann ich eine Treppe hinauf- und hinuntermarschieren, ohne mich an der Heilgymnastin festzuklammern.

Ende August, dreieinhalb Monate nach der Transplantation, holen mich meine Söhne ab. Ich bin zwanzig Kilo leichter, und meine Narbe auf dem Brustbein ist nur noch ein dünner rosaroter Strich. Zu Hause ist vieles verändert worden. Auf Geheiß der Mediziner wurde der Teppichboden durch Holzboden ersetzt. Mein Hund Paul darf bleiben. Nur fremde Hunde soll ich nicht anfassen, fremde Kinder auch nicht. Öffentliche Verkehrsmittel und Menschenansammlungen muss ich meiden.

Ich muss gegen eine unbestimmte Angst ankämpfen, gegen dieses Gefühl von Unsicherheit dem eigenen Körper gegenüber. Was ist, wenn …? Bisher waren meine Schwestern und Ärzte da. Ich zwinge mich, nicht ständig nach meinem Puls zu tasten. Die kleinen roten Flecken auf der Haut sind subkutane Blutungen, als Nebenwirkungen von Decortin beschrieben – ich darf nicht dauernd kontrollieren, ob neue dazugekommen sind. Sie verschwinden wieder.

Zweimal die Woche nimmt der Hausarzt Blut ab, ich gebe das Plastikröhrchen in einen derben blauen Plastikumschlag und bringe es zur Post. Adresse: Klinikum Großhadern. Der Postbeamte am Schalter haut seinen Stempel drauf. Immer rechne ich damit, dass das Blut spritzt. Aber es erreicht ordnungsgemäß sein Ziel. Telefonisch erfolgt die Anweisung, wie viel von diesem und jenem Medikament ich nehmen soll.

Anfangs werde ich alle drei Wochen, nach einem halben Jahr dann alle sechs Wochen zur Biopsie in die Klinik bestellt. Dann holt mich Herr Heller ab, der mit einem Blick sieht, ob ich gut drauf bin oder nicht. Die Biopsie dient der Früherkennung einer Abstoßung. Im Operationssaal wird dazu eine Sonde durch die Halsvene gefahren und ein Stückchen von meinem neuen Herzen abgezwickt. Ein bisschen weh tut nur der Einstich, die Probenentnahme selbst ist schmerzlos, weil das transplantierte Herz von den Nerven getrennt worden ist.

Zweimal wird bei mir eine leichte Abstoßandeutung festgestellt. Ich bekomme jeweils drei Tage lang sehr hohe Dosen Cortison. Wenigstens schwillt mein Gesicht nicht an. Nichts ist in solchen Situationen besser, als andere zu treffen, die Ähnliches schon hinter sich gebracht haben. Im Warteraum der Herzchirurgischen Ambulanz findet eine ganz eigene Therapie statt: Wie war das bei Ihnen? Wie viele Tabletten müssen Sie nehmen? Ich lerne Martin kennen, den Gymnasiasten, der nach einer Grippe innerhalb von drei Wochen im letzten Sommer ein Todeskandidat war. Viren hatten seinen Herzmuskel befallen. Anne sitzt da. Anfang fünfzig, Empfängerin von Herz und Lungen gleichzeitig. Vor drei Jahren ist sie transplantiert worden, jetzt hatte sie, weil sie sich beim Umzug in ihre neue Wohnung übernommen hatte, eine Abstoßung. Ist aber wieder okay. Vielleicht, meint sie, hat sie auch einmal vergessen, ihre Medikamente einzunehmen.

An der Wand hängt das Foto eines achtjährigen Buben, der kurz vor Weihnachten ein Herz bekommen hat. Alt, jung, alles vorhanden, nur leider oft nicht das passende Organ.

Nach meiner letzten Biopsie werde ich von einem jungen Arzt untersucht, der bei meiner Transplantation dabei war. Meine Herzleistung ist ausgezeichnet, er teilt mir mit, dass ich mich voll belasten kann – Rad fahren, Tennis spielen, joggen, alles darf ich. *Würden Sie sich noch einmal für die Operation entscheiden?*, fragt er mich. Ich überlege, denke an die Hochs und Tiefs zurück.

Ja, sage ich dann.

Nur: Joggen möchte ich eigentlich nicht.«

Wie zerbrechlich wir sind

Im Sommer 2002, fünf Jahre nach ihrer Herztransplantation, interviewt unsere Mutter den damaligen Bundeskanzler Gerhard Schröder. Sie schreibt ein Porträt über ihn, das die Überschrift bekommt:»Der standhafte Gerhard«. Der Anlass ist die bevorstehende Bundestagswahl, die Schröder gegen den CDU / CSU-Kandidaten Edmund Stoiber gewinnt. In dem Gespräch fragt sie ihn, da er von den einen als Cassius Clay der SPD, von den anderen als John Wayne der Politik bezeichnet wird: Wer von beiden ihm denn lieber gewesen wäre? Da schmunzelt der Kanzler und antwortet, eindeutig John Wayne, denn mit Boxen habe er gar nichts am Hut. Der Artikel endet mit der Nahaufnahme seines Gesichtes:»Der Mund ist dünnlippiger geworden. Tiefe, harte Kerben haben sich in den Mundwinkeln eingegraben. Lachfalten sind es nicht.«

Im Grunde ist die Begegnung mit dem Kanzler untypisch für sie, denn ihr journalistisches Spezialgebiet sind Frauen. Das Leben von Frauen, das interessiert sie. Das blitzt übrigens auch in dem Gespräch mit Schröder auf. Sie fragt ihn nämlich, ob er seine eigene Ehefrau sein möchte. Schröder:»Ich glaube, nicht. Oder ich sag mal so: Früher auf keinen Fall, heute eher.«

Ursula Lebert schreibt über eine Freiburger Studentin, die sich in einen lustigen israelischen Studenten verliebt, der dann allerdings rasch sehr religiös wird – was schließlich dazu führt, dass die Deutsche in Jerusalem ein tiefreligiöses Leben lebt, mit vielen Kindern und einem Mann, der in erster Linie den ganzen Tag betet. Das orthodoxe Viertel Me'a Sche'arim ist der Schauplatz dieser Geschichte. Ursula Lebert urteilt nicht über das Leben der Frau, sondern beschreibt ihren Alltag, ihre Gedanken und Sorgen – und lässt ihr in dem Text ihre Würde.

Sie schreibt über Arbeiterfamilien in Recklinghausen, über Polizistenfamilien in Berlin, über Wohngemeinschaften in Hamburg und über offene Ehen überall in der Republik. Und sie wird immer wieder überrascht, etwa, als sie zum Beispiel ein Kleingärtnerehepaar in Krefeld nach ihren Hobbys fragt – und zur Antwort bekommt: »Gruppensex«.

Wovon sie besonders fasziniert ist, sind Wandlungen. Wenn Frauen sich verändern, plötzlich einen Aufbruch wagen. Sie trifft die Berlinerin Ilse Kussel, die lange ein ganz normales bürgerliches Leben führt, mit Kindern, Ehemann und einem Beruf, doch dann beschließt, sich für mehr zu interessieren als das. Sie reist durch die Welt und bekommt eines Tages einen neuen Namen: Ayya Kema, Beruf: buddhistische Nonne. Die Freiheit der Seele hat es ihr angetan. Sie gründet ein buddhistisches Zentrum im Allgäu – und Ursula Lebert macht mit ihr ein Buch über ihr Leben.

Manchmal geht es um Aufbrüche, manchmal um etwas anderes. In den letzten Jahren fängt unsere Mutter an, Geschichten zu sammeln, die mit einer bestimmten Form von

Doppelleben zu tun haben. Auf die Idee kommt sie durch Begegnungen in ihren verschiedenen Krankenhauszimmern. Einmal teilt sie sich einen Raum mit einer jungen Frau, sehr nett, die allerdings ein Problem hat: Sie hat zwei Liebhaber, die nichts voneinander wissen und die ihre Liebste natürlich gerne im Krankenhaus besuchen. Diese Frau muss ihre Zimmernachbarin einweihen, damit sie nichts verrät. Tut sie natürlich nicht, im Gegenteil, unsere Mutter hilft ihr die jeweiligen Stofftiere des jeweiligen Liebhabers so zu verstecken, dass kein Verdacht aufkommen kann.

Ein anderes Mal erzählt ihr eine alte Bäuerin, eine sehr einfache Frau, von all ihren Kindern, von ihrem Ehemann, und auf einmal erzählt sie auch, dass zwei der fünf Kinder nicht von ihrem Mann seien, der wisse das nicht, »und natürlich werde er das nie erfahren, warum auch«.

Warum auch. Diese Art von Geschichten sammelt sie. Wie sich ganz normale Menschen in ihrem ganz normalen Alltag ein geheimes Ventil schaffen – soll man sagen: zum Glück?

Als die Welt von unserer Mutter durch die verschiedenen gesundheitlichen Krisen enger und Reisen beschwerlich werden, schreibt sie eine Kolumne über ihren Garten und sorgt beispielsweise für heftigste Reaktionen verschiedener Tierschützer, weil sie auf heitere und durchaus genaue Art beschreibt, wie sie ihre Todfeinde, die Schnecken, zu Tode bringt. Als sie dreimal die Woche zur Dialyse in eine Tagesklinik muss – das dauert immer ein paar Stunden –, fängt sie an, Gedichte zu schreiben, einfach so, für sich.

Journalistisch ausgebildet wird Ursula Lebert Anfang der fünfziger Jahre an der Deutschen Journalistenschule in München. Die wichtigste journalistische Erfahrung, das erzählt sie oft, macht sie erst viel später. Es ist Mitte der siebziger Jahre, sie soll eine Reportage schreiben über eine Gruppentherapie, also eine mehrtägige Sitzung einer Gruppe von Menschen, mit akuten psychischen Problemen, die sich alle nicht kennen. Ihre Reporter-Idee ist es, diese Gruppe zu beobachten und dann darüber zu schreiben. Doch der Therapeut, er heißt Wolfgang Schmidbauer, sagt, nee, das gehe nicht, sie müsse mitmachen und auch über ihre Sorgen, ihre Ängste sprechen. Dann könne sie auch viel besser darüber schreiben. Was bleibt ihr also übrig? Sie lässt sich darauf ein.

Als sie nach Hause kommt, nach dieser tagelangen Recherche, lässt sie sich nichts anmerken. Später erzählt sie, dass sie sich wie ein Gespenst gefühlt habe. Die ständigen Fragen erschüttern ihr seelisches Gerüst: Wer bin ich? Was will ich? Was denken andere über mich? Warum bin ich so und nicht anders? Was macht mir Angst? Welche Phantasien verfolgen mich? Sie schreibt in ihrer Reportage über die Chancen und Gefahren einer solchen Therapie. Und sie merkt sich für ihr Leben, wie fragil Menschen sind, wie schnell sie fallen können.

Staatsanwälte im OP

»Herr Reichart, seit einigen Jahren sind die Medien voll mit Berichten über verschiedene Transplantationsskandale in deutschen Kliniken. Wie beurteilen Sie diese Skandale?«

»Ich kann diese Sache im Grunde nur erklären, nicht beurteilen. Es handelt sich dabei eigentlich nicht um einen Transplantationsskandal, sondern eher um mögliche Manipulationen auf der Warteliste. Oder noch genauer: Um jenen Teil, der vom Tode bedrohte Schwerstkranke betrifft, die aus diesem Grund bevorzugt werden, wenn Organangebote bestehen. Transplantationsmediziner wurden beschuldigt, ihre Patienten kränker gemacht zu haben. Erste Anzeichen dafür gab es auf Wartelisten für Lebertransplantationen. Zur Erklärung: Lebertransplanteure beurteilten den Schweregrad ihrer Kandidaten mit Hilfe des sogenannten MELD-Scores (Model of Endstage Liver Disease). Er ist sehr einfach zu handhaben, da nur drei Blutwerte in die Berechnung eingehen – ein hoher MELD-Score, der sich daraus errechnet, besagt, dass der betreffende Kranke eine hohe Wahrscheinlichkeit hat, innerhalb der nächsten drei Monate zu sterben. Er gehört deshalb auf die High-Urgency-Liste. Eine gleichzeitige Nierendialyse-Behandlung treibt den MELD-Score in die Höhe. Offensichtlich wurden einige Scores insofern manipuliert, als man in betrügerischer Weise solche Nieren-behandlungen in die Krankenakte eintrug. Das wäre natürlich nicht in Ordnung, denn damit nähme man Patienten in anderen Krankenhäusern die Chance auf ein Organ. Über den Wahrheitsgehalt der Vorwürfe und die möglichen Konsequenzen müssen nun Richter entscheiden.

Nur einen einzigen Fall kann ich wirklich beurteilen, denn das ist mein eigener.

Die Bundesärztekammer hatte beschlossen, nicht nur bei Lebertransplantationen nach Unregelmäßigkeiten zu suchen, sondern auch bei allen anderen Transplantations-Arten. Dabei fielen Unregelmäßigkeiten in Wartelisten für Herz- und Lungen-Transplantationen auf. Da der Untersuchungszeitraum alle Patienten aus den Jahren 2010 und 2011 umfasste, traf es auch meine damaligen Herzpatienten. Bei siebzehn davon wurden nach Meinung der Bundes-ärztekammer Abweichungen von Richtlinien festgestellt. Dies wurde uns als Manipulation, ja sogar als Betrug mit möglichen Todesfolgen angelastet, die Akten wurden der bayerischen Staatsanwaltschaft übergeben. Dazu Folgendes: Um auf die High-Urgency-Liste für Herztransplantationen zu kommen, werden vier simple Kriterien überprüft, unter anderem wird eine kontinuierliche Gabe von intravenösen herzstimulierenden Medikamenten, den sogenannten Katecholaminen (adrenalinartige Substanzen), gefordert. Die restlichen drei Werte betreffen nur das linke Herz. Das rechte Herz und andere Organe werden außer Acht gelassen.

Da wir aufgrund unserer langen Transplantationserfahrung als ein Anlaufzentrum im süddeutschen Raum galten, sammelten sich bei uns schwerkranke Patienten mit Multi-Organversagen, also auch mit Beteiligung der Leber und / oder der Nieren. Sehr viele dieser Patienten hatten zudem ein schweres Rechtsherz-Versagen, zusätzliche lebensbedrohliche Herzrhythmus-Störungen (zum Beispiel Tachykardien, die sich nahezu täglich ereigneten, nachdem sich ein Kardiologe bemüßigt gefühlt hatte, Stammzellen in die Herzkranzgefäße zu injizieren). Eine dauernde intravenöse Unterstützung des Herzens mit Katecholaminen erschien uns unter diesen Umständen gefährlich, ja sogar kontraproduktiv: Sie erhöht den Sauerstoff-Verbrauch der Organe inklusive des Herzens und führt zu einer Art Circulus vitiosus mit erhöhter Letalität auf der Warteliste. Auch aufgrund der wissenschaftlichen Datenlage entschlossen wir uns zu einer intermittierenden Gabe dieser Medikamente, wofür es auch genügend Belege gab.

Das Vorgehen wurde nun von der Münchner Staatsanwaltschaft untersucht. Diese konnte nach eingehender Prüfung und aufgrund eines neutralen Gutachtens keinerlei Schuld feststellen, alle unsere schwerkranken Patienten waren zu Recht auf der High-Urgency-Liste gewesen. Auch kam die Staatsanwältin zu dem Schluss, dass Leit- oder gar Richtlinien eines regelmäßigen Updates bedürfen, entsprechend neueren wissenschaftlichen Erkenntnissen.

Dies wurde auch in der international bedeutenden wissenschaftlichen Zeitschrift ›Transplantation‹ noch einmal dargestellt, in einer Erwiderung ›Allocation of organs should be based on the current status of medical science‹, als Antwort auf einen Artikel der Bundesärztekammer mit dem Titel ›Transplantation in Germany‹.

So viel dazu. Die Bundesärztekammer sieht in dem Transplantationsskandal einen wesentlichen Grund für den gravierenden Mangel an Organspenden. Ich sehe das nicht so, weil die Lage auch schon katastrophal war vor den ersten Schlagzeilen in dieser Angelegenheit.«

Auf Augenhöhe

Unsere Mutter war nicht gut im Führen von Auseinandersetzungen. Wenn sie wütend auf jemanden war, kündigte sie in der Familie gerne an, »den mache ich jetzt fertig, das sage ich euch«. Da gab es zum Beispiel einmal einen Architekten, Rust hieß er, es ging um den Bau eines Hauses, und dieser Mann machte so ziemlich alles falsch, was man falsch machen konnte. Also rief sie ihn an, im Beisein ihrer Söhne. »Geben Sie mir Herrn Rust«, fauchte sie die Sekretärin an. Doch dann hörten die Kinder Erstaunliches: »Ja, Herr Rust, guten Tag. Wie geht es Ihnen denn?« Smalltalk folgte, nettes Geplätscher. Und höchstens kam irgendwann noch der Satz: Also so ganz optimal ist das jetzt nicht gelaufen.

Ein anderes Mal ging es um ein Gespräch mit ihrer Putzfrau. Es war etwa drei Jahre vor ihrem Tod. Es ging nicht um Wut oder Zorn, all das gar nicht. Unsere Mutter musste ihrer Putzfrau klarmachen, dass sie nicht mehr weiterbeschäftigt werden kann. Die Putzfrau kam einmal die Woche und machte einen guten Job, daran lag es nicht. Und Ursula war finanziell angeschlagen, sie musste nun zwei ungarische Helferinnen finanzieren, die, jeweils abwechselnd für zwei Wochen, bei ihr wohnten und sich um sie kümmerten (und um das Haus).

Ist das so schwer, einer Putzfrau zu sagen, dass es nicht mehr weitergeht?

Es war sehr schwer. Genau genommen war es auch nicht die Putzfrau, mit der sie reden musste. Sondern es war die Tochter der Putzfrau, die mehr als fünfzig Jahre lang zu uns gekommen war. Und die alt geworden war und zu schwach, um weiterarbeiten zu können. Die Tochter hatte die Aufgabe übernommen. Ursula kannte alle Geschichten aus dieser Familie. Ein Mann, ein kleiner, dünner, und viele Frauen, alle größer und breiter und stärker. Sie wusste vom Liebeskummer, von den Alkoholproblemen diverser Männer, von den finanziellen Alltagskämpfen. Als der kleine, dünne Mann irgendwann starb, hatte sie auch mit am Grab gestanden, zwischen der Witwe und den weinenden Töchtern. Sie alle waren längst Freunde geworden.

Sie hatte nächtelang nicht gut geschlafen, ihre Hände zitterten, als sie die Tochter der Putzfrau an den Tisch bat: »Setz dich, ich muss dir was sagen.« Man kann darin ganz bestimmt eine Schwäche sehen, und Führungsstärke, wie sie manchmal gerne definiert wird, sieht anders aus. Ursula hatte ein einfaches Prinzip: Sie wollte mit anderen Menschen auf einer Stufe stehen. Auf Augenhöhe, das war ihr Blick auf die Welt. Und das war oft sehr anstrengend.

Augenhöhe. Das galt auch für die andere Richtung. Ursula Lebert hatte verschiedene Chefs und Chefinnen und mit den allermeisten kam sie ziemlich gut klar, was sich unter anderem darin zeigte, dass sie regelmäßig zum privaten Abendessen kamen. Einmal forderte sie bei einem dieser an sich so netten Chefs eine berechtigte Gehaltserhöhung und bekam erst gar keine und dann eine sehr kühle Antwort: Nein, Gehaltserhöhungen seien momentan bei niemandem vorgesehen. Darauf setzte sie sich an die Schreibmaschine und tippte drei Zeilen: Ihre Kündigung. Sie konnte nicht anders. Sie stellte keine überzogenen Forderungen, aber wenn sie eine stellte, erwartete sie Respekt. Die Geschichte hatte übrigens ein Happy End: Der Chefredakteur erschrak derart über ihre Kündigung, dass er die Gehaltsforderung sofort erfüllte und mit einem großen Blumenstrauß vor der Tür stand. Klingt märchenhaft, war aber so. Und es war damals noch ein paar Jahre hin, bis die große Medienkrise begann.

Augenhöhe. Das hatte mit einer bestimmten Lebensphilosophie zu tun, man kann auch sagen: Lebenserfahrung. Das Leben ist größer als man selbst, es passieren schöne Dinge, und es passieren schreckliche Dinge, keiner weiß, wann das alles passiert. Aber eines muss klar sein: Die Zeit ist zu knapp, um sie mit dämlichen Spielchen zwischen oben und unten zu verschwenden.

Die Beziehung Arzt und Patient ist klar definiert: Der eine weiß etwas, der andere braucht etwas. Das Bewusstsein, das Leben hat noch mehr zu bieten als diese Beziehung, kann die Arzt-Patient-Geschichte verändern. Ursula Lebert hatte einen wunderbaren Hausarzt, der in all den Jahren eine große Stütze war. Eines Tages erkrankte dessen Frau lebensgefährlich, und plötzlich erlebte sie diesen Arzt als einen sehr verwundeten, ängstlichen Mann. An einem Nachmittag überlegte er, ob er seiner Frau etwas in die Klinik bringen könnte, ein Geschenk. Aber was? Ursula Lebert nahm ihn an die Hand und fuhr mit ihm in die Stadt, in ein schickes Modegeschäft. Sie wusste, dass die Ehefrau auf Kaschmir stand, und suchte einen sehr schönen Pullover für sie aus. Die Frau freute sich und wurde wieder gesund, natürlich nicht nur wegen des Pullovers. Bedankt hat sich der Hausarzt nie für diesen Nachmittag, wenigstens nicht mit Worten. Aber wenn sie, manchmal für Wochen, ins Krankenhaus musste, nahm er ihren Hund, den Schnauzer Paul, obwohl der den einen oder anderen Patienten verdammt böse anknurren konnte.

Unsere Mutter hat ihren Herzchirurgen Bruno Reichart bestimmt verehrt. Als sie ihren siebzigsten Geburtstag feierte, gab es eine große Party. Auch Reichart kam, mit Elke, natürlich. Die Party fand in einem Münchner Restaurant statt, das ganze Lokal war gemietet. Chefs waren da, Putzfrauen, Weggefährten, Familie. Sie freute sich sehr, dass Reichart kam. Auch deshalb, weil sie ihm zeigen wollte, welches Leben er da gerettet hat.

Man darf sich unsere Mutter durchaus als eine freundliche Frau vorstellen. Aber zur Vollständigkeit sei hinzugefügt: Sie war es nicht nur. Manchmal konnte sie sehr ausfallend werden, auf eine besondere Art. Und das zeigte sie auch überdeutlich, obwohl sie doch sonst keine Auseinandersetzungen leiden konnte. Eine solche Szene sei hier noch beschrieben: Sie ging spazieren, mit Paul, dem Schnauzer, und ihr Kopf war voll mit einer schlechten Nachricht, die sie gerade bekommen hatte. Ein Todesfall. Ein Freund. Tief versunken lief sie auf der Straße und plötzlich schrie sie ein Mann an: Sie sehe doch, dass ihr Hund auf sein Grundstück scheiße, das sei ungeheuerlich. Und er regte sich auf und regte sich auf. Darauf sagte Ursula Lebert zu ihm: »Sie wissen nicht, wie es mir gerade geht. Und brüllen mich wegen diesem Mist an. Ich sage Ihnen jetzt eines, und bitte vergessen Sie das nie: Ich verfluche Sie.«

Der Mann wurde blass und verschwand. Ursula Lebert war es später auch ein wenig peinlich, aber wie kann man einen Fluch zurücknehmen. Was dieser Fluch bedeutete? Nichts Gutes jedenfalls. In dem kleinen Dorf südlich von München lebten ein paar Menschen, die damit fertig werden mussten, von Ursula Lebert verflucht worden zu sein.

Das neue Herz und ich

Manchmal benutzt sie das Wort »wir« statt »ich«. Was sie damit meint, ist: »das neue Herz und ich«.

Wir gehen ins Kino. Wir müssen zur Kontrolluntersuchung. Wir fliegen nach Hamburg. Oder einfach nur: Wir haben gut geschlafen.

Sie sagt, sie empfinde ein starkes Gefühl der Verantwortung: »Ich muss gut auf das Herz aufpassen. Das bin ich der Spenderin schuldig.«

Im Frühjahr des Jahres 2004 reisen Ursula und ihr neues Herz nach Berlin. Sieben Jahre sind sie da schon zusammen. Sie reisen in einer Limousine, chauffiert von der Enkelin Lisa. Sie checken im Hotel Schweizerhof ein, und am Abend gehen sie über einen langen roten Teppich auf ein hell angestrahltes Gebäude zu. Das Café Moskau in der Karl-Marx-Allee 32 ist in dieser Nacht die große Bühne für elegante Abendkleider, schwarze Smokingfliegen, Champagnergläser, Festreden, Musikeinlagen und Tanz. Regierungsmitglieder, Konzernchefs und Schauspieler verteilen sich auf drei Etagen. Und vor allem Journalistinnen: Alice Schwarzer, Anne Volk, Maybrit Illner, Sandra Maischberger, Gisela Friedrichsen, Anne Will …

»Brigitte«, Deutschlands größtes und legendäres Magazin für Frauen, feiert fünfzigjährigen Geburtstag. Jamie Callum singt, auf die Wände werden Magazinseiten projiziert, die Jahrzehnte leben auf, die Fifties, Sixties, Seventies. Am Tisch von Ursula Lebert möchten die Menschen Geschichten von den Anfängen hören. Sie ist eine der ersten festen Autorinnen der Zeitschrift gewesen. Und sie erkundigen sich nach ihrem neuen Herzen. Schon ein Jahr nach der Operation ist in »Brigitte« ein Dossier von Ursula Lebert über ihre Transplantation erschienen. Auch diese Seite leuchtet irgendwo an der Wand, Überschrift: »Mein zweites Herz«. Jemand bewundert ihren Mut, sich für diese Operation entschieden zu haben. »Ich war nicht mutig«, sagt sie, »im Gegenteil. Es war Todesangst, ich wollte nicht sterben.« Und jemand fragt: »Wie geht denn das überhaupt finanziell, so eine Transplantation, also versicherungstechnisch?«

»Das geht ganz einfach«, antwortet sie. »DAK. Gesetzliche Krankenkasse.« Dabei lächelt sie, und erzählt, dass tatsächlich einmal eine Rechnung von Professor Reichart im Briefkasten war. »Da bin ich ziemlich erschrocken und hatte schlimmste Befürchtungen. Aber dann war es nur irgendeine Gebühr. 167 Mark.«

Auf der Tanzfläche sieht man Ursula Lebert nicht an diesem Abend, aber relativ spät noch an der Bar.

Am nächsten Morgen berichtet die Presse von dem Fest, es gibt auch ein Foto von ihr mit dem damaligen Berliner Bürgermeister Klaus Wowereit.

Da ist sie schon wieder auf dem Weg nach München. Im Wagen sagt sie zur Enkelin Lisa: »Ich denke an die Frau, die längst beerdigt ist. Ob sie sich freuen würde, dass wir in Berlin waren? Ich stelle mir vor, dass sie jung war, weil ihr Herz einen so fröhlichen Eindruck auf mich gemacht hat, als ich es am Bildschirm bei der Herzkathederuntersuchung habe hüpfen sehen.«

Wohin die Reise geht

Bruno Reichart geht nicht gerne auf Ärztetage. Wenn er sich die Vorträge dort anhört, wird er schnell nervös. Noch weniger gerne schaut er sich einige der Ärztevertreter im Fernsehen an, in den verschiedenen Talkshows. Und noch schlimmer wird es, wenn Karl Lauterbach irgendwo auftritt, das ist der SPD-Politiker mit der Fliege, der irgendwann auch Arzt war und die Gesundheitspolitik zu seinem Thema erklärt hat.

Was Reichart so nervt: Es geht immer um Geld, das natürlich fehlt, es geht um Ökonomisierung, es geht um Abläufe, um Produktionspläne.

Der Grundton ist: Jammern. Leider ist die Lage so. Leider müssen wir das zur Kenntnis nehmen. Leider stehen wir vor großen Problemen. Leider lässt sich das nicht ändern. Leider können wir die Gegebenheiten nicht ignorieren. Jammern, Klagen, das ist der Sound.

»Die Passivität vieler dieser Mediziner macht mich wahnsinnig«, sagt Reichart, »ich kann ja verstehen, warum Politiker immer über Geld reden. Aber warum haben wir Ärzte uns jede Power nehmen lassen? Warum entwickeln wir keine Konzepte, die von der Zukunft der Medizin handeln, von unseren Träumen, von unseren Zielen? Warum erzählen wir der Gesellschaft nicht, wohin die Reise gehen soll, und zwar voller Optimismus?«

Ja, die Finanzierung. Klar, das wird dann immer schwierig. »Aber zunächst mal sollte man wissen, was man eigentlich finanzieren will. Wir brauchen wissenschaftlich fundierte Pläne, wie wir die Zukunft der Medizin gestalten wollen.«

Eigentlich hätten die Mediziner und Ärzte einen mächtigen Verbündeten: den Patienten. Denn die Beziehung Arzt–Patient ist eine der stärksten überhaupt. Herr Doktor, können Sie schon was sagen? Frau Doktor, wie geht es mit mir weiter? Es mag ja stimmen, dass gelegentlich über den Ärzteberuf als solches geschimpft wird, wobei das gesellschaftliche Ansehen laut allen Umfragen nach wie vor sehr hoch ist. Aber das ändert sich ganz sicher, wenn Menschen über IHREN Arzt oder IHRE Ärztin reden. Vertrauen, Dankbarkeit sind dann die Begriffe, die in den Vordergrund rücken. Und wer an einem Wochenende die Notaufnahme eines Krankenhauses aufsucht, wird wohl als Letztes auf die Idee kommen, dass die Mediziner dort zu viel Geld verdienen.

Die Zukunft der Transplantationsmedizin. Wohin soll die Reise gehen? Bruno Reichart hat einen Plan. Er beschreibt den Weg, den man gehen müsste, um das großartigste Geschenk, zu dem ein Mensch in der Lage ist, in den Mittelpunkt der gesellschaftlichen Diskussion zu rücken: Eine sterbende Frau, ein sterbender Mann retten mit ihren Organen Leben.

Bruno Reichart: Mein Manifest

In Deutschland sterben viele Menschen, weil es viel zu wenige Spender für Organe gibt. Das ist kein Schicksal. Dafür tragen Leute Verantwortung, die ein falsches System installiert haben – vorbei an den Bedürfnissen und Gefühlen der Bevölkerung. Mit gutem Willen und einem guten Konzept kann der Organmangel deutlich verringert, vielleicht sogar vermieden werden.

Problemlos ist die Auseinandersetzung mit diesem Thema nicht, das weiß ich aus eigener Erfahrung: Man gerät zwischen Kampflinien, zwischen Dienstpläne, man wird missverstanden, falsch zitiert, wodurch Ängste hervorgerufen werden.

Aber das Ziel ist es wert: die Rettung vieler Menschenleben.

»Organmangel« ist ein kaltes Wort, es ruft keine Gefühle hervor, man kann es leicht von sich wegschieben. »Spendermangel« ist nicht besser. Deshalb ist es mir wichtig, als Erstes eine Ahnung zu vermitteln, was für Schicksale sich hinter diesen Begriffen verbergen.

- Für eine Nierenspende muss ein Kranker bis zu acht Jahre warten und diese Zeit mit einem Dialysegerät überbrücken. Dazu muss man wissen, dass bereits eine Wartezeit von über sechs Monaten die nachfolgende Operation im negativen Sinne beeinflusst, das heißt, die transplantierten Nieren funktionieren weniger gut als bei einer kürzeren Wartezeit. Viel Glück hat also derjenige, der sofort eine Lebendspende von einem Angehörigen bekommt.

- Inselzell-Transplantationen (also die Verpflanzung von Zellen der Bauchspeicheldrüse, die auf einen Blutzucker-Anstieg reagieren und Insulin ausschütten) sind in Deutschland kaum möglich – obwohl der Bedarf groß ist, weil es rund acht Millionen Diabetiker gibt. Von einer derartigen Therapie würden diejenigen fünf Prozent profitieren, die mit den derzeitigen Medikamenten nicht oder schlecht einstellbar sind. Der Grund für den Inselzell-Mangel: Für die Transplantation von zuckerkranken Dialysepflichtigen benötigt man die ganze Bauchspeicheldrüse (Pankreas), mitsamt der Niere. Da man organisatorisch diese Patienten bevorzugt, bleiben Pankreasgewebe für die isolierten Inselzell-Transplantationen nur in seltenen Fällen übrig – wenn zum Beispiel ein Organ aus Qualitätsgründen nicht akzeptiert wurde.

- Weniger als dreihundert Herztransplantationen werden derzeit pro Jahr in Deutschland durchgeführt, bei einer durchschnittlichen Wartezeit der transplantierten Patienten von drei bis sechs Monaten. Auf der Warteliste sterben pro Jahr etwa hundertfünfzig Patienten. In der Regel werden Patienten auf der normalen Liste wegen der Knappheit keine Organe zugeteilt. (Das hat sich seit 1997, dem Jahr in dem Ursula Lebert transplantiert wurde, wesentlich verändert.) Sie sind erst an der Reihe, wenn sich bei ihnen eine deutliche Verschlechterung des Gesamtzustandes einstellt und sie als »high urgency« gelistet werden. Transplantiert werden also bei uns im Moment nur die Kränksten der Kranken, was wiederum die postoperativen Ergebnisse negativ beeinflusst: Bei manchen kommt der Eingriff zu spät.

Innerhalb von vier Jahren ist die Zahl der Organspender in Deutschland um ein Drittel gefallen – auf jetzt nur noch etwa zehn Spender pro Million Einwohner. Das ist nicht zu akzeptieren. Was läuft bei uns schief?

Müsste vielleicht der Staat in dieser Situation entschiedener einschreiten? Katherine Mendis von der City University New York zitiert Immanuel Kant und leitet daraus eine moralische Verpflichtung zum Spenden ab: staatlich verordnete Solidarität statt individuellem Altruismus. Sehr unwahrscheinlich jedoch, dass sich diese Lösung in einem demokratischen Staat des 21. Jahrhunderts realisieren lässt.

Ebenso wenig wie die sogenannte Clublösung, die eine Leserin der »Süddeutschen Zeitung« jüngst in einem Leserbrief vorschlug: »Ich würde gerne einen Spenderausweis ausfüllen, aber nur im Rahmen einer Clublösung. Ich wäre bereit, meine Organe zu spenden – an andere Menschen, die ebenfalls zum Spenden bereit sind. Ich sehe nicht ein, warum ich jemandem etwas spenden soll, der mir in einer ähnlichen Notlage nichts spenden würde.«

Es gibt zwei Länder, in denen die Spendenbereitschaft wesentlich größer ist als bei uns: in den USA und in Spanien. Beide Länder werden als Vorbilder gern zitiert. Aber warum ist das so? Was machen sie besser?

Fangen wir mit Nordamerika an. Als ich 1973 für ein Jahr nach Memphis / Tennessee ging, gab es an meiner Tennessee Driving License im heutigen Bankkartenformat einen Anhang für einen Organspender-Ausweis. Ich füllte ihn aus und war damit für die nächsten zwei Jahre registriert als Spender für alle möglichen Gewebe und Organe. Nach zwei Jahren mussten Führerschein und Organspende-Ausweis erneuert werden. Eine exzellente Idee, die leider bei uns nicht zu realisieren ist, da wir unsere Führerscheine lebenslang besitzen. Die Regelung gibt es in Tennessee und in mehreren anderen Staaten – nicht in allen – übrigens immer noch. In den Vereinigten Staaten von Amerika zurzeit achtundfünfzig »nonprofit«-Einrichtungen: die sogenannten Organentnahme-Organisationen (Organ Procurement Organisations, kurz OPOs). Ihre Vorgehensweisen sind gesetzlich geregelt, von Staat zu Staat jedoch leicht verschieden. Die OPO in Südkalifornien zum Beispiel umfasst das Gebiet von Monterey im Norden bis zur Baja Wüste im Süden mit den Großstädten Los Angeles und San Diego und einer Bevölkerung von insgesamt zwanzig Millionen Menschen. Dort, wo es funktioniert, ist das Gesundheitssystem der USA das beste der Welt, aber auch das mit Abstand teuerste. Deshalb versuchen die dreihundert Mitarbeiter der südkalifornischen OPO sehr früh, das knappe hochspezialisierte Personal der Intensivstationen in den Kliniken, das sie als ihre Partner ansehen, zu entlasten. Dabei gibt es keinerlei Berührungsängste zwischen den Krankenhäusern und der OPO – es wird schnell reagiert und effektiv zusammengearbeitet.

Die Koordinatoren, so heißen die OPO-Mitarbeiter, übernehmen sofort die Verantwortung bei der Betreuung und Stabilisierung von potentiellen Spendern. Sie sprechen in aller Ruhe und mit der nötigen Professionalität mit den Angehörigen; im Falle einer Mehrfach-Entnahme von Organen erfolgt die Zuordnung (Allokation) der Spenderorgane zu den verschiedenen Empfängern über den Zentralcomputer der OPO. In Nordamerika ist der Grundgedanke der Organverteilung, dass der nächstliegende Empfänger erste Priorität (»Locals first«) bekommt. Dahinter steckt die Überlegung, die Ischämiezeit, die Zeit, in der ein Organ ohne Durchblutung ist, also keinen Sauerstoff und keine Nährstoffe erhält, so kurz wie möglich zu halten. Erst wenn kein passender Empfänger in der Nähe gefunden wird, bietet OPO die Organe auch entfernter befindlichen Patienten an. Eine weitere Regel bei der Empfängerauswahl: Es muss nicht der Kränkste auf der Liste sein, der das neue Organ bekommt. Es geht auch darum, festzustellen, wer die besseren Chancen hat, mit dem neuen Herzen zu überleben. Also wird ein Risikoprofil der jeweiligen Empfänger erstellt, der OPO-Computer errechnet daraus einen »Score«, der auf Beobachtungen und Verläufen von Tausenden früherer Patienten beruht. Es geht um Statistiken und Wahrscheinlichkeiten, in diesem Fall um das Überleben nach Herztransplantationen, und mag ein wenig makaber klingen, ist es aber nicht.

Der beste »Score« entscheidet also bei der Organvergabe, ein Kompromiss zwischen der Dringlichkeit und dem zu erwartenden postoperativen Verlauf.

Die unabhängig agierenden OPO-Koordinatoren sind Ärzte, zumeist Anästhesisten oder Intensivmediziner. Ihre weiteren Aufgaben sind:

- die Untersuchung der Spender, also das Feststellen der Blutgruppen, die Gewebetypisierungen,
- die Vorbereitungen für die Organentnahmen,
- die Zusammenarbeit mit den jeweiligen Entnahmeteams, im Hinblick auf zum Beispiel das Erstellen der Flugpläne oder das Bereitstellen von Sanitätsfahrzeugen.

Last, but not least versorgen die OPO-Koordinatoren nach der Organentnahme den Toten und kümmern sich um dessen Angehörige. Letzteres ist eine wichtige Aufgabe, die unterschätzt wird – sie kann unter Umständen monatelange Gespräche bedeuten. Gerade im Spätverlauf passiert es, dass Schuldgedanken bei den Angehörigen aufkommen, die sich dann überlegen, ob es richtig war, einer Organentnahme zugestimmt zu haben. In extremen Fällen kann dies sogar Jahrzehnte andauern.

Ein Beispiel dazu aus meiner Erfahrung: Die Tochter einer Herzspenderin belastete noch nach vielen Jahren die Tatsache, dass ihr Vater 1969 der Organspende ihrer Mutter zugestimmt hatte. Damals war sie ein kleines Mädchen gewesen, jetzt als erwachsene Frau stellte sie eine Anfrage an mich, da seinerzeit mein mittlerweile verstorbener Chef diese Transplantation durchgeführt hatte. Sie wollte wissen, ob es in unserem Pathologie-Museum vielleicht noch das Herz ihrer Mutter gäbe. Der Empfänger war seinerzeit sehr schnell verstorben, er sei doch danach sicher autopsiert worden, dachte die Frau und stellte sich vor, das Herz der Mutter ruhe vielleicht in einem Glasgefäß und mit Formalin fixiert in einem Schrank. Sie wollte es gern sehen. Ich versprach zu recherchieren, stellte fest, dass es kein solches Pathologie-Museum gibt und dass der Empfänger seinerzeit mit zwei Herzen im toten Körper begraben wurde, dem der Spenderin und seinem eigenen. Ich teilte das der Tochter mit und versuchte sie zu trösten.

Für alle OPOs ist Transparenz das oberste Gebot. Dazu gehören professionelle Medienarbeit und engagierte Unterstützung von Prominenten, wie in Südkalifornien früher vom Apple-Mitbegründer Steve Jobs und bis heute von dem unverwüstlichen Schauspieler und ehemaligen Gouverneur Arnold Schwarzenegger.

Die Spenderraten in den USA sind mit rund sechsundzwanzig pro Million Einwohner die zweithöchsten der Welt, nach denen in Spanien. Neuesten Berichten zufolge überschreiten sie sogar die Grenze von vierzig Spendern pro Million. Und das trotz der in Nordamerika geltenden erweiterten Informationsregelung – der gleichen also wie bei uns: Die nächsten Angehörigen werden gefragt und müssen einer Spende zustimmen; hat der Tote aber einen Spenderausweis, ist dadurch seine Bereitschaft zur Organspende dokumentiert und kraft Gesetz auch für die Angehörigen bindend – das heißt, diese können keinen Einspruch mehr erheben.

Ein sehr wichtiger Punkt: Anders als bei uns bedeutet das Nichtmelden von möglichen Spendern eine Geldbuße für das betreffende Krankenhaus.

Auch die Mentalität der Nordamerikaner spielt eine große Rolle im Hinblick auf Organspenden. In Notsituationen zusammenzustehen, sich zu umarmen und Tiefpunkte gemeinsam – zwar traurig, aber dennoch gefasst und nahezu trotzig entschlossen – zu ertragen: Das ist der »Spirit«, eine wohl historisch zu verstehende Mentalität, die aus der Gründerzeit der ersten Siedler stammt. Unsere deutsche Geschichte der letzten hundert Jahre ist in diesem Zusammenhang wenig hilfreich. Die Erinnerungen daran bewirken das Gegenteil: Deutsche sind Obrigkeiten, auch Ärzten gegenüber, misstrauisch.

Das andere Land mit einer hohen Spendenbereitschaft ist Spanien. Hier ist die Organización Nacional de Trasplantes (kurz ONT) seit 1989 zuständig für die Organisation des Transplantationswesens. Es ist ein staatlich unterstütztes System, in dem sehr erfolgreich gearbeitet wird: vierzig Spender pro Million Einwohner (in Spanien leben sechsundvierzig Millionen Menschen) – das ist für manche deutschen Experten der Beweis dafür, was die dort gültige Widerspruchsregelung im Vergleich zur erweiterten Informationslösung bewirken kann.

Widerspruchsregelung heißt: Wenn zeitlebens kein Widerspruch gegen eine postmortale Spende geäußert wurde, kann man Organe entnehmen, ohne die Angehörigen zu fragen. Ein Widerspruch muss in einem Register abrufbar sein, damit wird die »Last« der Dokumentation auf den Widersprechenden verlagert. Er muss dafür sorgen, dass sein Einspruch gegen eine Organentnahme offiziell hinterlegt ist. Fakt ist allerdings, dass die Widerspruchslösung in Spanien nicht angewendet wird und die Angehörigen immer befragt werden. Mit einem sehr wichtigen spanischen Twist, dem eigentlichen Geheimnis des erfolgreichen Arbeitens: Die unabhängig agierenden Transplant-Koordinatoren sind teilzeitangestellt in einem der über hundertachtzig etwa gleich großen sogenannten Entnahmekrankenhäuser. Diese Ärzte, meist wieder Anästhesisten / Intensivmediziner, überblicken die Patientenaufnahmen in den Nothilfen und den Krankenstationen und ordnen bei schwer Hirngeschädigten mit hoffnungsloser Prognose deren rechtzeitige Verlegung auf Intensivstationen an, wo sich mögliche Spender aufgrund der Notwendigkeit einer mechanischen Beatmung aufhalten müssen. Ein vom Transplantationsteam unabhängiges Ärztegremium fällt dann den Entschluss, ob bei einem Patienten weitere Therapiemaßnahmen aussichtsreich oder sinnlos sind. Ist sein Tod unvermeidlich, beginnt die »end-of-life«-Versorgung dieses schwer Hirngeschädigten, der ein Spender sein könnte.

Dies alles wird dann in einem sehr behutsamen Gespräch den Angehörigen mitgeteilt. In fünfundachtzig Prozent der Fälle stimmen sie der Spende von einem Organ oder mehreren Organen zu. (In Deutschland stimmen etwa fünfundsechzig Prozent zu.) Es folgt eine sorgfältige Hirntoddiagnostik, anschließend können die Transplantate entnommen werden.

Die Koordinatoren überprüfen in Abständen auch die Patientenakten von im Krankenhaus Verstorbenen, ob tatsächlich auch alle möglichen Spender gemeldet wurden. Diese Daten werden dann von einer externen Person, aus einer Nachbarregion zum Beispiel, geprüft, bewertet und mögliche Fehler diskutiert. Im Idealfall ändert das untersuchte Krankenhaus daraufhin sein Vorgehen – es gibt aber keine Geldbuße, wie es in Nordamerika seit neuestem möglich ist.

In Spanien wird zudem kein Spender wegen seines Alters abgelehnt: Neueren Daten zufolge waren in Spanien dreißig Prozent über siebzig, zehn Prozent sogar über achtzig Jahre alt. Natürlich verpflanzt man diese Organe nicht in Jugendliche oder in junge Erwachsene. Für diese Fälle gibt es ein erfolgreiches »old-for-old« System, also ältere Organe gehen an ältere Empfänger.

In Spanien werden auch Organe von Spendern mit Herzstillstand akzeptiert, also von Toten, bei denen der Herzstillstand eingetreten war, bevor sein irreversibler Hirnschaden feststand (siehe Anhang). Es handelt sich dabei um ein sehr anspruchsvolles Programm, das mittlerweile in elf Krankenhäusern durchgeführt wird.

In Spanien besteht zudem ein in Deutschland fast altmodisch anmutendes Vertrauen der Bevölkerung in ihre Ärzte. Man glaubt ihren Entscheidungen, auch was die Hirntoddiagnostik betrifft: Ärzte besitzen eine Autorität, die ihnen eine noch uneingeschränkte Freiheit in ihren Entscheidungen ermöglicht. Die über alles wachende spanische Organización Nacional de Trasplantes unterstützt diese positive Patienten-Arzt-Beziehung durch ein bedingungsloses Bestreben nach Transparenz, kombiniert mit einer ausführlichen

Medienarbeit. Und: Für Krankenhäuser und die beteiligten Ärzte lohnen sich Transplantationen, ihr Einsatz wird gut honoriert.

Als ich nach Südafrika ging, gab es in Deutschland vier Kliniken, an denen Herzen transplantiert wurden. Als ich 1990 zurückkehrte, waren es über dreißig »Zentren«, die meisten mit weniger als fünf Transplantationen pro Jahr. Eine derartige Aufsplitterung kann einfachen Qualitätsansprüchen jedoch nicht gerecht werden: Zum erfolgreichen Prozedere gehört nun einmal das permanente Rund-um-die-Uhr-Aufrechthalten von hochspezialisierten Einrichtungen und geschultem Personal, inklusive mehrerer Operateure.

Mit der Zahl der Herztransplantationszentren stieg auch die Zahl derer, die auf ein Organ warteten. Im Gegensatz dazu blieb der Spenderpool nahezu unverändert. Konsequenterweise verlängerte sich die Wartezeit, bis man ein Herz – oder auch andere Organe – angeboten bekam, die Letalität auf der Warteliste stieg. Letztendlich wurde die Klassifizierung »high-urgency« eingeführt, eine Dringlichkeitsliste, auf der sich nur Kandidaten mit dem höchsten Risiko zu versterben befinden sollten. Spezielle »Leitlinien« wurden erarbeitet.

»Leitlinien«, eigentlich sogar »Richtlinien«, sind ein Lieblingskind der deutschen (Herz-)Medizin. Sie beschreiben in diesem Fall sehr verallgemeinernd nur Symptome des linken Herzens; schwerkranke besondere Patienten werden nicht berücksichtigt – zum Beispiel solche mit bösartigen Rhythmusstörungen, zusätzlichem Rechtsherzversagen.

In Deutschland gibt es im Vergleich zu Spanien sehr viele

der sogenannten Entnahmekrankenhäuser, nämlich rund dreizehnhundert von unterschiedlicher Größe. Sie alle müssen laut Gesetz einen Transplantationsbeauftragten haben, der sich eigentlich täglich um mögliche Spender kümmern sollte – was er aber in der Praxis nicht tut, auch weil er dazu vom Chef der Klinik, in der er festangestellt arbeitet, nicht freigestellt wird. Die meisten Krankenhäuser (mehr als drei Viertel!) melden pro Jahr keinen einzigen Spender, der Rest auch nur einen bis zwei. Wozu braucht man eigentlich so viele Entnahmekrankenhäuser? Eine Reduktion auf weniger, aber effektivere Einrichtungen ist dringend notwendig. Dies muss als Erstes schnell umgesetzt werden!

In diesem Zusammenhang noch folgende unveröffentlichte Studie der Deutschen Stiftung Organtransplantation (DSO): Über ein Jahr gesehen, gehen etwa ein Drittel der möglichen Spender verloren. Dies geschieht zum Beispiel durch einen unkontrollierten Herzstillstand in den Nothilfen oder Krankenzimmern. Oder in einer Intensivstation werden Beatmungsgeräte abgestellt, ohne dass an eine Organspende gedacht wird (da fällt mir wieder Zenkers berechtigter Wutanfall aus den Anfängen der siebziger Jahre ein, Seite 63) – häufig zum Beispiel auch in der irrigen Annahme, dass sich der Tote aus Altersgründen nicht dafür eignet.

Dieses Nichtmelden von möglichen Spendern ist das große Problem der Transplantationsmedizin in Deutschland. Eigentlich wären die Kliniken dazu laut Gesetz verpflichtet, ein Aussprechen von Strafen wie in Nordamerika wäre aber die verkehrte Reaktion. Mir fehlt in Deutschland eine effektive, aber faire Überprüfung – wie es in Spanien üblich ist.

Schätzungen ergeben, dass nur das Melden aller möglichen Spender die Zahlen der Organentnahmen auf zwanzig bis fünfundzwanzig pro Million Einwohner anheben würde – also mehr als verdoppeln.

Spender gehen auch verloren, weil eine Hirntoddiagnostik nicht rechtzeitig erfolgen kann – ein an sich sehr einfaches und transparentes Prozedere, das jedoch spezielle Erfahrungen und verantwortungsbewusste Kompetenz voraussetzt. Die Untersuchungen und die letztendliche Entscheidung geschehen immer unter Beteiligung eines Neurologen oder Neurochirurgen, der unabhängig von den Transplanteuren agiert. Neurologische / neurochirurgische Fachärzte sind rar, es gibt sie nur etwa in der Hälfte aller Entnahmekrankenhäuser. Zu den anderen Kliniken müssen sie zum Teil von weither anreisen – was den Zeitaufwand von sechs bis acht Stunden bei einer erfolgreichen Spende in Deutschland sehr hoch werden lässt. Für kleine Spenderhäuser nicht unbedeutend: In der Regel muss dort am nächsten Tag eine Operation abgesetzt werden, auch deshalb, weil das Personal wegen des strikten Einhaltens des Arbeitszeitgesetzes dann fehlt.

Entnahmekrankenhäuser der Zukunft müssen raschen Zugriff auf neurologische / neurochirurgische Fachärzte haben, sonst laufen sie Gefahr, in Zukunft diesen Status zu verlieren.

Der Hirntod, der irreversible Gesamthirnschaden inklusive des Kleinhirns und des Stamms, bedeutet ein Koma, aus dem es kein Erwachen mehr gibt. Man muss wissen, warum der Patient in diese Situation gerät:

- Eine sedierende Wirkung von Medikamenten, zum Beispiel nach Gabe von Barbituraten (das sind Schlaf- und Beruhigungsmittel), muss ausgeschlossen sein.
- Der Ausfall aller zehn Hirnnerven muss zweifelsfrei nachgewiesen werden.
- Es muss dokumentiert werden, dass der Atemantrieb (das Atemzentrum liegt im Stammhirn) fehlt, weshalb diese Menschen immer künstlich beatmet sind.

Durch technische Untersuchungen kann die Feststellung des irreversiblen Hirnschadens unterstützt und verkürzt werden, z. B. durch einen radiologischen Nachweis der fehlenden Durchblutung des Gehirns. Auf schwere Schäden wie stumpfe Traumen (bei einem Verkehrsunfall zum Beispiel), aber auch bei arteriellen Blutungen nach Schussverletzungen oder geplatzten (rupturierten) Gefässmissbildungen (Aneurysmen) reagiert das Organ immer in gleicher Weise: Es schwillt rasch an, man spricht von einem bösartigen Hirnödem. Die Konsequenz: Wenn nicht in einer Notoperation »entdeckelt« wird, also der Neurochirurg Teile der knöchernen Schädelkalotte entfernt, werden die an der Oberfläche verlaufenden Gefäße durch die immense Masse des Gehirns abgedrückt. Das Organ wird somit nicht mehr durchblutet und stirbt nach wenigen Minuten bei normaler Temperatur von siebenunddreißig Grad Celsius ab. Im EEG sind dann Null-Linien nachweisbar.

Hirntod bedeutet auch, und seine Diagnostik zielt darauf ab, dass der betreffende Mensch jeglichen Kontakt zu seiner Umwelt irreversibel verloren hat. Er spürt keine Reize mehr, auch nicht die des Schmerzes. Die restlichen Organe seines Körpers überleben nur noch mit Hilfe des Personals einer Intensivstation, das durch die Beatmung Sauerstoff zu- und Kohlendioxid ableitet und Nährstoffe ebenso wie Flüssigkeiten verabreicht.

Zurück zu den Transplantationsbeauftragten an den Kliniken, deren Tätigkeit von einem der deutschlandweit etwa achtzig Koordinatoren aus den sieben verschiedenen Regionen der DSO unterstützt wird. Das sind gut ausgebildete Mediziner oder spezialisierte Intensivpflegekräfte, die zum Entnahmekrankenhaus reisen und schon beim Angehörigengespräch helfen können und sollen. Denn im Gegensatz zu Südkalifornien existieren in manchen deutschen Krankenhäusern Berührungsängste. Das bedeutet, dass unter Umständen die Befugnisse der Koordinatoren durch die Klinikumsordnung der Entnahmekrankenhäuser stark eingeschränkt werden. Wie auch immer die Voraussetzungen sind: Die Koordinatoren übermitteln in jedem Fall die Daten an Eurotransplant in Holland, wo der passende Empfänger ermittelt und das dazugehörige Transplantationsteam benachrichtigt wird. In Deutschland wird bei Leber und Herz strikt nach einer Reihenfolge der Dringlichkeit verfahren, die Distanz zum Empfänger spielt eine untergeordnete Rolle und damit auch die Länge einer Ischämie (was bei der in Deutschland angewandten Organprotektion für Herzen mit einer sicheren Zeit von nur vier Stunden nicht unerheblich ist); für Herzpatienten wird zudem an einer Bewertungsskala gearbeitet, die sich an nordamerikanische Erfahrungen anlehnt und die in Zukunft die Schwere einer Krankheit mit den zu erwartenden Überlebenschancen korreliert. Mit anderen Worten: Nicht die Kränksten bekommen die nächsten Organe, sondern die, die zwar krank sind, zugleich aber eine berechnete Wahrscheinlichkeit haben, den Eingriff auf möglichst lange Zeit zu überleben.

Transplantationsbeauftragter, Koordinator der DSO, Eurotransplant, Transplantationsteam und wieder zurück – schon das Aufzählen des Vorgehens klingt umständlich, und das ist es auch in Wirklichkeit.

Organspenden laufen jedoch in Deutschland immer dann sehr gut, wenn sich ein Transplantationsbeauftragter, auch ein Leiter der Intensivstation oder der Klinikchef selbst engagiert dafür einsetzen. Sehr gute Erfolge erzielt man aber nicht nur mit außergewöhnlichen Spitzenleistungen Einzelner, sie hängen vom Verhalten einer großen Mehrheit ab und die wiederum braucht exzellente Voraussetzungen und gut überlegte Regelungen. Deutsche Mediziner sind nicht schlechter als die in Spanien oder Südkalifornien, sie arbeiten nur unter anderen Voraussetzungen. »Organ-(Gewebe-)Spenden müssen in Deutschland zum Klinikalltag werden«, wie Dr. Axel Rahmel, Vorsitzender der DSO, zu Recht meint.

Das betrifft auch das Gespräch mit den Angehörigen. Es findet in Deutschland sehr spät statt, und damit unter sehr ungünstigen Voraussetzungen. Dann nämlich, wenn der vom Neurologen/Neurochirurgen verifizierte Tod bereits feststeht. Vom psychologischen Standpunkt her wäre es besser, wenn man diesen Zeitpunkt vorverlegen würde – zum Beispiel wie in Spanien auf den Moment, in dem die »end-of-life«-Therapie beginnt.

Der Gesetzgeber gibt wenig Unterstützung. Ein vorhandener Organspendeausweis, ein gültiges Testament, ist die große Ausnahme, und so ruht die ganze Last der Entscheidung auf den Angehörigen. Eine funktionierende Widerspruchsregelung wäre eine theoretische Lösung, aber diese wird, wie schon ausgeführt, nicht einmal in Spanien praktiziert.

Für mich wäre deshalb ein Vermerk auf der elektronischen Gesundheitskarte eine zukünftige Lösung. Auf ihr ist eine von drei Möglichkeiten verbindlich anzukreuzen: Ich bin ein Organ-(Gewebe-)Spender »ja«, »nein« oder »ich weiß es nicht«. Ich finde, dass man jedem Deutschen zumuten kann, hier eine Antwort zu geben.

Allerdings muss das System der Organspende in Deutschland noch an einer anderen wichtigen Stellschraube verändert werden, will man die Raten auf zwanzig bis fünfundzwanzig Spender pro Million Einwohner erreichen.

In den letzten sechs Jahren hat der Staat für Verbesserungen etwa fünfhundert Millionen Euro aufgebracht; das Geld erhielten Entnahmekrankenhäuser, die Bundeszentrale für gesundheitliche Aufklärung (BZgA), die Deutsche Stiftung Organtransplantation und (ab 2013) Krankenkassen für Werbekampagnen bei ihren Mitgliedern. Im gleichen Zeitraum fielen die Spenderzahlen jedoch von 1296 auf 857. Viel Geld steht also zur Verfügung, aber die Ergebnisse sind enttäuschend. Aufklärung von Bürgern, zum Beispiel über den Hirntod, halte ich für wichtig. Hingegen erscheint mir die Werbung für mehr Spendenbereitschaft zurzeit jedoch wenig sinnvoll. Die Krankenkassen geben dafür im Jahr etwa dreißig Millionen Euro aus – ohne belegbaren Erfolg: Wo sind denn im Ernstfall die vielen Organausweise? Meiner Meinung nach müssten die Summen umverteilt werden.

Ich würde zunächst die Stellung der Deutschen Stiftung für Organtransplantation (DSO) stärken. Will man spanische oder südkalifornische Verhältnisse erreichen, bräuchte man bei uns schätzungsweise dreimal so viele Koordinatoren wie vorhanden. Sie hätten unter anderem die Aufgabe, die Transplantationsbeauftragten in deren Kliniken regelmäßig zu besuchen und auch mit den Klinikchefs zu reden. »An Organspende und Transplantation muss man immer denken und erinnern«, führt Thomas Breidenbach, Leiter der DSO Bayern, aus. Er hat die Erfahrung gemacht, dass oftmals acht bis vierzehn Tage nach einem solchen Klinikbesuch prompt der Anruf kommt: »Wir haben einen möglichen Spender.«

Koordinatoren benötigten zudem mehr Befugnisse in der Zusammenarbeit mit den Transplantationsbeauftragten in deren Krankenhäusern. Auch sollte es möglich sein, früher mit der Spenderbehandlung zu beginnen – analog der Situation in Spanien.

Eine organisatorische Verbesserung wäre es meiner Meinung nach, wenn man die Zahl der DSO-Regionen verringern würde, auch mit dem Ziel, einen gesunden Konkurrenzgedanken aufzubauen: Entsprechend dem spanischem Modell müssten einmal im Jahr die Vorgänge in den Krankenhäusern überprüft werden. Dies würde bei den Entnahmekrankenhäusern beginnen: Die Transplantationsbeauftragten und die Koordinatoren würden zusammen Krankenakten von in der Klinik Verstorbenen einsehen und nachverfolgen, ob alle möglichen Organspender tatsächlich auch erfasst wurden. Dabei müssten auch Lösungen gefunden werden, wie mögliches Fehlverhalten in Zukunft vermieden werden könnte. An diesem Punkt angelangt, müsste man auch die Klinikleitung einbeziehen. Nebenbei: Transplantationsbeauftragte müssten endlich für ihre Tätigkeit auch bezahlt werden.

Die Sammelberichte der verschiedenen DSO-Regionen müssten dann abschließend untereinander verglichen werden: Warum ist eine Region besser als die andere, was kann man voneinander lernen?

So stelle ich mir eine gelebte Qualitätssicherung vor, für die ich mir auch eine Beteiligung der Bundesärztekammer und des Staates wünschen würde. Ein einzig gültiger, nationaler Plan zur Organspende muss erstellt werden. Und nicht, wie es im Moment ist, ein Fleckerlteppich auf Länderebene, der an das politische Deutschland des 19. Jahrhunderts erinnert. Die Führung sollte aber in den Händen der Mediziner der DSO bleiben.

Für mich ist es völlig unverständlich, warum nicht alle Beteiligten, auch Ärzte, entschlossener vorgehen. Und warum beziehen die beiden großen Kirchen nicht eindringlicher Stellung? Es geht schließlich um Leben und Tod: Wir lassen Menschen sterben, denen wir helfen könnten.

Ich möchte mein Manifest mit einer Geschichte beenden, die meiner Patientin Ursula Lebert gefallen hätte. Ich kann sie ihr leider nicht mehr erzählen.

Im Jahr 2006 erhielt der Nordamerikaner Arthur Thomas

das Herz von einem anderen Mann, der einem Tötungsdelikt zum Opfer gefallen war. Ihm wurde in den Kopf geschossen. Auch er war Amerikaner, er hieß Michael Stepien, und er hinterließ Ehefrau und zwei Töchter.

In den USA ist es erlaubt, dass die Anonymität zwischen Spenderfamilien und Empfängern aufgehoben wird, wenn beide Seiten damit einverstanden sind – in Deutschland ist das gesetzlich strikt untersagt. (Warum eigentlich?)

Zwischen den Familien Stepien und Thomas ergaben sich im Laufe der Jahre lose schriftliche und telefonische Kontakte, man gratulierte sich zu Weihnachten oder Thanksgiving oder gedachte gemeinsam des Transplantationstages. Bis der 6. August 2016 kam, der Hochzeitstag von Jeny Stepien, der älteren Tochter. Da ihr Vater nicht mehr am Leben war, um sie nach altem Brauch zum Altar der Kirche zu führen, sprang der Mann ein, in dessen Brust das Herz ihres Vaters weiterschlug: Arthur Thomas übergab an Michael Stepiens Stelle die Braut dem Bräutigam. Das Video auf Facebook und Instagram ging in kurzer Zeit rund um die Welt. Es zeigt, wie Jeny strahlend bei Arthur Thomas den Pulsschlag des Herzens ihres Vaters ertastet.

Das letzte Kapitel

Im Isartal, etwa dreißig Kilometer südlich von München, auf einem kleinen Parkplatz in der Kurve einer Bergstraße, ist an manchen Tagen im Jahr 2008 folgendes Schauspiel zu beobachten: Ein silbergrauer VW Golf hält an, eine rotblonde Frau Mitte fünfzig steigt aus, öffnet den Kofferraum, wuchtet einen Rollstuhl heraus, klappt ihn auf, bringt die Beinstützen an, rollt ihn neben die Beifahrerseite und hilft dann einer kleinen, dünnen, alten Dame beim Aussteigen aus dem Auto und beim Besteigen des Rollstuhls. Dann verschwinden die beiden auf einem schmalen Weg im Wald, die eine die andere schiebend. Eine Plastiktüte haben sie noch dabei, in der sich eine rote Kerze befindet.

Eine Grotte befindet sich unter den Bäumen, mit einem Marienbildnis hinter einem Gitter. Davor stehen abgebrannte Kerzenstummel am Boden. Die alte Dame entzündet ihre Kerze, die andere stellt sie auf, die zwei verharren einen Moment, dann kehren sie zurück zum Auto.

Zwei Dinge sind an diesem Vorgang bemerkenswert. Erstens: Die zwei Frauen sind dabei keinesfalls still. Sie reden ununterbrochen, sie kichern, sie lachen auch mal laut, sie stupsen sich an. Und einmal, als sie wieder beim Auto sind, sagt die fast achtzigjährige Dame im Rollstuhl: »Wir müssen uns jetzt beeilen, Anna, sonst kommen wir zu spät zu unserer Tanzstunde.«

Menschen, die vor einem Marienbildnis Kerzen anzünden erwarten Hilfe. Bitte, Mutter Gottes, mach, dass … Was nun diese alte Dame betrifft, so muss man an zweiter Stelle bemerken, dass die Themen, bei denen sie um Unterstützung bittet, sehr profaner Natur sind. Der Neffe soll am nächsten Tag sein Examen in Wirtschaftswissenschaften bestehen, der bayrische Ministerpräsident soll bitte endlich zurücktreten, der Essigbaum im Garten soll seine Blattläuse verlieren … Ein bisschen macht sie immer ein Geheimnis daraus, wann und wofür genau sie eine Kerze anzündet, aber wir wissen, dass schon mal die Forderung dabei gewesen ist, die heilige Maria möge eine anstehende Heizölrechnung aus der Buchhaltung des Lieferanten verschwinden lassen …

Es geht bei dieser letzten Episode aus dem geschenkten Leben unserer Mutter darum, eine ihrer besonderen Fähigkeiten zu würdigen. Diese Fähigkeit hat etwas mit Unbeugsamkeit zu tun. Damit, dass man sich in seinem Blick auf das Leben nicht beirren lassen darf. Dass man die Kraft aufbringen kann, die Welt um sich herum so zu gestalten, dass man sie ertragen kann. Oder noch besser: mögen kann.

Die alte Dame im Rollstuhl hat ja, wie beschrieben, einige Verluste in ihrem Leben hinnehmen müssen. Ihr jüngerer Bruder wurde als Kind beim Spielen auf der Straße von einer Granate zerfetzt. Beide Eltern starben jung, sie selbst war erst dreißig. Ihr drittes Kind überlebte die Geburt nur um Stunden. Ihre Ehe endete zu früh mit dem Tod ihres

Mannes. Schließlich wurde ihr das Herz herausgeschnitten. Sie war körperlich immer anfällig gewesen, war nie sportlich, hatte keine große Muskelkraft.

Drei Jahre bevor man sie an der Mariengrotte beobachten kann, kommt sie nach einem Klinikaufenthalt nach Hause. Monatelang liegt sie quasi aufgebahrt in einem stählernen Klinikbett in ihrem Wohnzimmer und kann sich nicht bewegen. In dieser Zeit beginnt sie ihre Reisen in die Erinnerung. Sie schreitet beispielsweise noch mal ihren Schulweg zur Volksschule in Stuttgart ab, Schritt für Schritt, Pflasterstein für Pflasterstein, dort, wo sie als Mädchen jeden Morgen gegangen ist, den kleinen Bruder an der Hand. Sie erzählt später, dass es erstaunlich sei, was das Gehirn da leiste, was alles zurückkomme, die Scherze, die man gemacht hat, die Gerüche und Geräusche, sogar die Namensschilder an den Haustüren, man müsse nur Geduld haben und den Weg immer und immer wieder einschlagen. Die Pflegerinnen Anna und Magdalena, die sich alle vier Wochen abwechseln, werden bald Freundinnen. Der Gesundheitszustand unserer Mutter bessert sich wider Erwarten, und schon nach kurzer Zeit erreichen uns merkwürdige Nachrichten. »Wir haben jetzt Tanzstunde«, ist eine davon, und es ist kein Witz. Man hat beschlossen, statt der Übungen, die die Krankengymnastin aufgemalt hat, lieber zu tanzen. Anna, oder im Turnus Magdalena, fällt die Rolle des Mannes zu: Sie führt, das bedeutet, sie greift unserer Mutter unter die Arme und dreht sich mit ihr zu Musik von Pavarotti oder den Dire Straits. Jeden Abend findet das eine Zeitlang statt, und die Anlage ist dabei so aufgedreht, dass auch die Nachbarn etwas davon haben.

»Heute Abend haben wir Gäste« bedeutet, dass beide Frauen sich stundenlang in der Küche aufhalten, die eine am Herd stehend, die andere im Rollstuhl sitzend, mit der Hand schwäbische Spätzle schabend. Und später sitzt ein ganzer Haufen von Leuten am Tisch, isst und redet. Manchmal zieht sich die Gastgeberin dann müde und etwas erschöpft in ihr Bett zurück, das immer noch dort im Wohnzimmer steht, nur ein paar Schritte vom Tisch entfernt. Sie meldet sich dann nur noch von Zeit zu Zeit zu Wort. Je nachdem, wo sich das Gespräch gerade befindet, kann das eine Bemerkung zur Finanzkrise sein oder der Hinweis auf ein Gedicht von Hermann Hesse, das sie gerade gelesen hat.

Was die Frau in dem Stahlbett schnell erkannt hat: Eine häusliche Krankenpflegestation mit dem Geruch von Medikamenten, leisen Schritten im Flur, einer laut tickenden Uhr – das ist kein attraktiver Ort. Weder für sie selbst noch für jemanden anderes. Also funktioniert sie das Ganze vom Bett aus zu einer Art WG um. Leute kommen und gehen, eine einbeinige Nachbarin ist darunter, eine junge Historikerin, ein pensionierter Gerichtsmediziner, ein Architekten-ehepaar. Es wird debattiert, gelacht, gearbeitet, man tauscht Filme aus und schaut zusammen Champions-League.

Und jetzt darf man sich bloß nicht täuschen, was diese Melodie in dem kleinen Haus sonst noch begleitet, unter anderem: ein Beckenbruch, zwei Unterleibsoperationen, mehrere Augenoperationen. Und dreimal pro Woche wird unsere Mutter außerdem von einem Krankentransport abgeholt und zur Dialyse gebracht, ihre Nieren arbeiten schon seit Jahren nicht mehr. Um diese ungewöhnliche WG und sich selbst bei Laune zu halten, ist eine große Kraft am Werk, die Entschlossenheit, keine Stunde des Lebens, und keinen Quadratmeter des Daseins, kampflos der Trostlosigkeit zu überlassen.

Wir Söhne erleben unsere Mutter in vielen Krisensituationen, wir kennen den Blick, mit dem sie sich in eine eigene, innere Welt zurückzieht, wenn die andere Welt unerträglich zu werden droht. Wenn sie diesen inneren Schutzraum erreicht hat, kann sie auf eine Weise Gelassenheit und Heiterkeit zeigen, die manchen Menschen auch schon unheimlich erscheinen mag.

In den letzten Wochen und Monaten fällt ihr Blutdruck während der Dialyse immer wieder auf beängstigend niedrige Werte. Oft ist sie kurz vor der Ohnmacht. Besonders unangenehm empfindet sie die Montage, nach ihrem »freien« Wochenende. Sie hat Montage noch nie gemocht.

»Wie war dein Montag?«, frage ich am Abend eines solchen Tages am Telefon.

»Ich habe keine Montage mehr«, ist die Antwort. »Ich habe mit einer Schwester in der Dialysestation getauscht. Ihre Dienstage gegen meine Montage. Sie hat jetzt zwei Montage pro Woche – und ich zwei Dienstage. Wir sind beide happy.«

Zu dieser Zeit hat sie schon das große Pflaster auf der Nase.

Diese Geschichten um die Fähigkeit, der Schwere des Lebens immer etwas entgegenzusetzen, sind Teil der Trauerrede für Ursula Lebert – gehalten von uns, den Söhnen. Dass alles im Leben einen Anfang, einen Mittelteil und leider auch ein Ende hat – davon ist auch in diesem Buch die Rede. Das geschenkte Leben der Patientin Lebert und damit die Geschichte ihrer Herztransplantation endet am Morgen des 2. April 2009.

Sie soll im Klinikum rechts der Isar in München an der Nase operiert werden. Ein Basaliom ist bösartig geworden und hat sich durch ihre Nase gefressen. Der medizinische Plan ist, ihr große Teile der Nase und des Gesichtsgewebes um die Nase herum zu entfernen und später durch eine künstliche Maske zu ersetzen. Das Ganze solle ein halbes Jahr dauern und ist mit vielen Krankenhausaufenthalten verbunden. Bei unserem Besuch am Abend vor der Operation wirkt sie gefasst, nicht anders als bei anderen Krisen. Aber dann am Morgen kommt der Anruf des Arztes: Ich habe eine traurige Nachricht für Sie …

Unsere Mutter ist unmittelbar vor der Operation gestorben. Ihr Herz hat einfach aufgehört zu schlagen. So etwas sei sehr selten, komme aber vor, sagt der Arzt. Eine Erklärung dafür gebe es nicht. Er weiß natürlich, dass dieses Herz nicht das Herz ist, mit dem seine Patientin geboren worden ist. Aber er erwähnt diesen Umstand mit keinem Wort. Erst am nächsten Tag, als er die Tasche mit ihren Sachen übergibt, äußert er vorsichtig die Ansicht, dass das Herz, indem es aufgehört hat zu schlagen, der Patientin vielleicht einen Albtraum erspart hat.

Unsere Mutter wird am 8. April auf dem Dorffriedhof in Schäftlarn neben ihrem Mann beigesetzt. Viele Menschen stehen am Grab, ihre Familie, die Enkel Lisa und Benjamin, ihre Freundinnen, Anna und Magdalena, viele Kinder, Kolleginnen aus ihrem Journalistenleben und die Leute aus der WG der letzten Monate. Auch Elke Reichart ist gekommen.

Nur einer fehlt: Bruno Reichart, der Mann, der ihr das neue Herz eingepflanzt hat, der so oft und auf so unterschiedliche Weise um ihr Leben gekämpft hat. »Er muss operieren«, sagt seine Frau.

Er selbst sagt zu uns im Laufe der Arbeit an diesem Buch einen anderen Satz: »Ich hasse den Tod.«

Der Weg, der beschritten ist – er ist nicht mehr aufzuhalten.

Interview mit Prof. Dr. Bruno Reichart über seine Motivation und die Zukunft der Organtransplantation

---

? *Herr Reichart, Sie waren zeitlebens auch immer ein Forscher. Warum eigentlich?*

Das hat einen einfachen Grund. Kommt man mit medizinischen Problemen zu keiner Lösung, sollte man sich ins Labor begeben und nach neuen Wegen suchen. Das beginnt mit Grundlagenuntersuchungen, denen präklinische Experimente folgen, wenn es ethisch erforderlich erscheint, auch in Tiermodellen. Das Hin und Her setzt sich fort, bis sich der Erfolg einstellt. Ein freies Denken und Handeln ist dabei Grundprinzip.

? *Sie sprechen von drei Alternativen zum Überwinden des Organmangels. Erstens: der Einsatz von Spendern, die einen irreversiblen Herzstillstand erlitten haben. Zweitens: die Implantation eines künstlichen Unterstützungssystems. Und Drittens: die Xenotransplantation. Können Sie uns davon erzählen?*

Bei dem ersten Punkt geht es um die Verwendung von Spendern, die einen Kreislaufstillstand erlitten, einen irreversiblen Herzstillstand, bevor der irreversible Hirnschaden verifiziert werden konnte: Es geht dabei um Patienten im Endstadium ihres Lebens, bei denen Intensivmediziner in Übereinstimmung mit den Angehörigen den letzten Weg eingeschlagen haben, also eine Beendigung der Therapie aufgrund einer aussichtslosen Prognose. Dies schließt bei nicht ausreichender Lungenfunktion auch eine künstliche Beatmung aus, die Beatmungsmaschine wird folglich abgestellt. Die danach rasch absinkende Sauerstoffsättigung im Blut führt letztendlich zum Herzstillstand und damit zur Beendigung der Blutzirkulation – das klassische Merkmal des Todes seit Jahrtausenden.

Angehörige haben noch zuvor vom Patienten Abschied genommen (in den Niederlanden können sie, wenn gewünscht, sogar bis zum Kreislaufstillstand bleiben); vom unvermeidbaren, baldigen Tod überzeugt, hatten sie einer Organspende unter den soeben beschriebenen Voraussetzungen zugestimmt, was auch die prämortale Gabe von Heparin einschließen kann – ein Medikament, das blutverdünnend wirkt, also die Gerinnung herabsetzt. Ein für die Organerhaltung notwendiger Perfusionskatheter wird über die Leistenarterie eingeschoben (um ohne Verzögerung nach dem Kreislaufstillstand die gewünschten Organe, meist Nieren oder Leber, konservieren zu können; die organerhaltenden Lösungen sind in der Regel auf vier Grad Celsius gekühlt).

Zwei ethische Fragen bestehen: Wie lange muss man nach dem Kreislaufstillstand warten (die »no touch«-Zeit am Patienten), bis man sich wissenschaftlich sicher ist,

- dass das Herz nicht doch nochmals anspringt? Eine eher irrelevante Frage, denn es springt schon aus Mangel an Energie nicht wieder an,
- ab wann bei einer normalen Körpertemperatur von siebenunddreißig Grad Celsius auch das Gesamthirn irreversibel geschädigt wird, so dass man dann auch den Hirntod annehmen kann?

In den USA beträgt diese Zeit fünfundsiebzig Sekunden, was sehr umstritten ist und als zu kurz bezeichnet wird, in der Schweiz sind es zehn, in Italien zwanzig Minuten. In den Niederlanden, in denen diese Methode 1997 entwickelt wurde, sind es fünf Minuten. Dort finden mittlerweile mehr Organspenden nach dieser DCD-Methode (Donation after Circulatory Death, Spende nach Herz-Kreislauf-Tod) statt als nach der Diagnose des »klassischen« Hirntods. Die fallenden Zahlen der irreversiblen Hirnschäden aufgrund von großen Fortschritten in der Frühbehandlung waren Anstoß für präklinische Studien, ethische Diskussionen, gesetzliche Änderungen und letztendlich die klinische Umsetzung in den Niederlanden.

An der Universität Lund in Südschweden wird auf diesem Gebiet klinische Pionierarbeit bei der Organerhaltung von Lungen geleistet. Die extrakorporale Behandlung des mit der Luftröhre (Trachea) entnommenen Lungenblocks dauert dabei bis zu neunzehn Stunden. Während dieser Zeit hat man die mit Hilfe einer Kreislaufpumpe durchspülten Organe (die dafür verwendete acht Grad Celsius kalte Lösung enthält Nährmittel und wichtige Hormone) zusätzlich beatmet. Vor der Implantation werden die Lungen mit verschiedenen Sauerstoff-Konzentrationen auf ihre Funktionsfähigkeit überprüft. Der Test verläuft positiv, wenn bei höherer Sauerstoffzumischung in der Beatmungsluft der Sauerstoffgehalt in der Spül-Lösung zunimmt. In diesem noch kleinen Patientenkollektiv überlebten bisher alle Organempfänger. Erwähnenswert ist auch, dass man den Angehörigen während der »no-touch«-Periode viel Zeit zum Abschiednehmen einräumt. Es besteht ja kein Zeitdruck.

Um dieses Verfahren auch bei Herzexplantationen anwenden zu können, benötigt man noch weitere präklinische Experimente, die zurzeit ebenfalls in Lund stattfinden: Nach einer zwanzigminütigen (»no touch«) Wartezeit nach dem Herzstillstand, den ich auch in Deutschland für akzeptabel halten würde, durchspült man das nichtschlagende Organ mit der sogenannten Steen'schen Lösung über eine Mini-Herz-Lungen-Maschine. Vor der Implantation (derzeit noch in Tieren) testet man die Herzen auf ihre zweifelsfreie Funktion. Die bisherigen präklinischen Ergebnisse sind sehr ermutigend.

Wichtig: Diesen neuen Perfusionstechniken zum Erhalt der Funktion von Transplantaten gehört die Zukunft. Sie sind den bisherigen, jahrzehntelang in den Kliniken verwendeten alleinigen Kältemethoden überlegen. Und: Auch in Deutschland sollte man beginnen, sich mit der Organspende nach einem Herzstillstand Gedanken zu machen, so, wie man das in Schweden gerade tut.

? *Was sind die Chancen und was die Risiken der Implantation von mechanischen Unterstützungssystemen des Herzens, den sogenannten Kunstherzen?*

Der Gesundheitszustand von vielen Patienten auf der Warteliste verschlechtert sich trotz moderner Therapien. Für sie kommt als lebensrettende Maßnahme die Implantation eines Linksherz-Unterstützungssystems in Frage (in besonders schweren Fällen muss auch das rechte Herz ersetzt werden). Man nennt dieses Vorgehen »bridge-to-transplantation« (»Überbrückung bis zur Herztransplantation«); wegen der wenigen verfügbaren Spenderorgane haben sich Herzchirurgen in letzter Zeit auch mehr und mehr dazu entschlossen, diese Systeme permanent im Körper des Patienten zu belassen (sogenannte »destiny therapy«), also ohne die Absicht, jemals zu transplantieren.

Dieser weltweit sichtbare Trend hat auch Deutschland erfasst: Zurzeit werden jährlich etwa dreimal mehr Kreislaufunterstützungs-Systeme implantiert als Herztransplantationen durchgeführt. Die meisten dieser Operierten erhielten einfache Linksherzpumpen, womit gute Ein- bis Vier-Jahres-Überlebensergebnisse erzielt wurden. Im Vergleich zu Herztransplantationen sind sie mit zunehmender Nachbeobachtungszeit jedoch schlechter.

Waren 1990 die ersten voll implantierten, mit Pressluft betriebenen Sackpumpen noch groß, schwer und vor allem sehr laut, passen die modernsten Systeme in einen Chirurgen-Handteller. In den Pumpengehäusen dienen schnell und lautlos rotierende Scheiben oder Propeller (eigentlich Impeller) dem pulslosen Vortrieb des Blutes. Die elektrische Energie dazu stammt aus aufladbaren Batterien, die tragbar sind – in einer Tasche kann man sie zum Beispiel über die Schulter hängen. Die Stromanbindung geschieht mit einem Kabel. Die sogenannte »drive line« führt durch die Bauchdecke zur Pumpe am Herzen. Damit wird jedoch eine wichtige Barriere gegen Keime durchbrochen. Träger von Kreislaufpumpen sind folglich vermehrt infektionsgefährdet.

Das Betriebsprinzip dieser neuen Systeme: Blut wird der linken Herzkammer direkt entnommen und dem aufsteigenden Teil der Hauptschlagader (der Teil der Aorta, der dem linken Herzen entspringt) über Gefäßschläuche aus Plastikmaterial (Dacron) zugeführt: Die so geschalteten Systeme arbeiten parallel zum kranken Patientenorgan, entlasten es und übernehmen seine Pumpleistung mehr oder weniger ganz.

Eine mechanische Pumpe ist im Körper eines Menschen auf Dauer sehr komplikationsträchtig, denn menschliches Blut reagiert aggressiv auf die fremden Metall-Kunststoff-Oberflächen. In der Folge kommt es vor allem zu Ablagerungen von Blutgerinnseln (Thromben). Im Extremfall blockieren sie das ganze Pumpengehäuse, das dann in einer Notoperation ausgewechselt werden muss. Diese Komplikation überlebt der Patient nur, wenn das eigene Herz in dieser Situation in der Lage ist, einen Minimalkreislauf zu erhalten.

Im Pumpengehäuse sich ablösende Thromben, Embolien

genannt, geraten über die aufsteigende Aorta in den Blutkreislauf und dabei vor allem über den ersten Gefäßabgang (der rechten Halsschlagader) in die rechte Hirnhälfte. Um diese Nebenwirkungen zu minimieren, benötigen Operierte eine sehr wirksame Antikoagulation (Blutverdünnung), die aus zwei, manchmal sogar drei Medikamenten besteht. Die Folge sind Spontanblutungen, von denen jene im Hirn am folgenschwersten sind; auch Magenblutungen sind nicht selten.

Um die Thromboseneigung zu verringern – und damit ebenso die Gabe von Antikoagulantien –, sind die neuesten Geräte mit rotierenden Scheiben ausgestattet, die nicht mehr durch Lager in Position gehalten werden. Sie befinden sich vielmehr freischwebend in einem Magnetfeld: Der Magnet selbst, oberhalb des Pumpengehäuses gelegen, dreht sich rasch und nimmt damit die eigentliche Antriebsscheibe mit. Das ist ziemlich genial. Ob diese Neuerung jedoch eine Verbesserung bringen wird, müssen präzise Langzeitstudien zeigen.

Fest steht leider, dass zur Zeit dreißig Prozent der »bridge-to-transplantation«-Patienten innerhalb eines Jahres so schwere Komplikationen erleiden, dass eine Herztransplantation für sie auf Dauer kontraindiziert, also nicht mehr möglich ist. Verbesserungen an den Systemen und in der Nachbehandlung sind also notwendig.

? *Xenotransplantation – der Einsatz von Tierorganen: Auf diesem Feld sind Sie persönlich sehr aktiv. Was ist die zentrale Idee?*

Die Idee, menschliche Gewebe und ganze Organe mit denen von Tieren zu ersetzen, ist nicht ganz neu: Der nordamerikanische Chirurg Keith Reemtsma transplantierte 1964 bei dreizehn Patienten Nieren von Schimpansen mit einem Überleben bis zu neun Monaten. Kurz danach, und wohl inspiriert von den Ergebnissen von Reemtsma, führte James Hardy die erste Herztransplantation am Menschen durch, indem er ihm ebenfalls ein Schimpansen-Organ einnähte; der Patient überlebte nur wenige Stunden, weil das Herz zu klein war. 1977 folgte Barnard mit je einer Pavian- bzw. Schimpansen-Herzverpflanzung, die sechs Stunden bzw. vier Tage funktionierte. Er benutzte dabei seine heterotope »piggy back«-Technik, denn beide Spendertiere, und damit ihre Herzen, waren für die normal großen Erwachsenen viel zu klein. Was klug war, weil damit die Spenderorgane den eigenen Herzen parallelgeschaltet wurden und diese somit in der Funktion nur unterstützten, nicht ersetzten. Leonard Bailey transplantierte 1984 nach präklinischen Experimenten Baby Fae, ein Mädchen, das nur mit einer rechten Herzhälfte geboren war. Das Pavianherz schlug zwanzig Tage.

Bei all diesen Eingriffen handelte es sich um konkordante Xenotransplantationen (Xenos = griechisch = fremd), also um Transplantationen innerhalb der gleichen Primatenspezies, aber zwischen verschiedenen Unterarten. Konkordante Xenotransplantionen waren immer ethisch umstritten. Zu meinen persönlichen Erfahrungen auf diesem Gebiet: 1987 führten wir unter der Leitung meines damaligen Assistenzarztes und Schülers Hermann Reichenspurner in Kapstadt erfolgreiche konkordante Xeno-Herztransplantationen zwischen grünen Meerkatzen (Spender) und Pavianen (Empfänger) durch; verschiedene damals übliche Immunsuppressionen wurden angewendet. Damit erzielten wir gute und konstante Langzeitüberlebensraten der Herzen, die im Hals des Empfängers (heterotop) eingenäht wurden, für mich damals der Beweis, dass konkordante Transplantationen möglich sind. Ein zusätzliches Argument war, dass die Gattung der Paviane nicht vom Aussterben bedroht ist, im Gegensatz zu der der Schimpansen. Wichtig war auch, abgesehen von der Blutgruppenkompatibilität, dass die Herzgewichte stimmten. Unsere beiden geplanten Eingriffe bei Neugeborenen scheiterten jedoch, wie bereits erwähnt, bevor sie überhaupt durchgeführt werden konnten. Das immer noch gültige Fazit unserer Kapstädter Bemühungen: Nichtmenschliche Primaten, gleich welcher Rangordnung, werden von westlich orientierten Gesellschaften nicht als Spendertiere akzeptiert.

Ethisch vertretbar dagegen sind diskordante Xenotransplantationen, also Verpflanzungen von Geweben und Organen, die einer Spezies entstammen, die weit von uns Primaten entfernt ist – mit anderen Worten: die lange vor uns auf dieser Welt waren. Es empfahl sich das Hausschwein, immerhin verspeisen wir in Deutschland davon jährlich etwa fünfzig Millionen. Was man jedoch nicht verallgemeinern darf, denn Tiere zum Zwecke einer Transplantation zu züchten sei etwas anderes, als sie zu essen, meinen die Ethiker. Warum eigentlich? Mir leuchtet das nicht unbedingt ein. Schweine sind seit Hunderten von Jahren in Europa domestiziert, ihre Organe und Gewebe sind anatomisch und physiologisch denen des Menschen sehr ähnlich. Erfolgreiche Eingriffe mit glutaraldehydfixierten Prothesen aus Schweineherzklappen gibt es zum Beispiel seit 1973, und diese funktionieren sehr gut. Als vorteilhaft erweisen sich auch die multiplen Nachkommen bei Schweinen (zehn bis zwölf Ferkel pro Wurf), bei nur kurzen Tragzeiten (etwa vier Monate), raschem Wachstum der Tiere und früher Geschlechtsreife (nach etwa sechs Monaten).

Nachteile ergeben sich aus den entwicklungsgeschichtlich bedingten Differenzen, denn Schweine waren neunzig Millionen Jahre eher auf dieser Welt als wir: So werden bestimmte porcine (vom Schwein) Proteine von Primatenzellen nicht erkannt. In der Folge unterbleiben wichtige Körperfunktionen, zum Beispiel bei der Verhinderung einer pathologischen Blutgerinnung. Gegen andere Proteine wiederum, weil als »fremd« eingestuft, werden Antikörper gebildet. Es kommt zu Abstoßungsreaktionen.

Diskordante Xenotransplantationen führen in Tierversuchen zu Abstoßungsreaktionen, die mit ihrem Tempo und ihrer Heftigkeit nicht mit jenen zu vergleichen sind, die wir nach humanen Eingriffen erleben. Wenn Primatenblut mit Schweinezellen des Herzens zum Beispiel in Berührung kommt, verbinden sich bereits vorhandene Primaten-Antikörper mit porcinen Zelloberflächenantigenen. Innerhalb von Sekunden wird ein biochemischer Abwehrmechanismus (das sogenannte Komplementsystem) gestartet. An dessen Ende stehen durchlöcherte, also tote Zellen. Undichte Herzgefäße – und damit Blutaustritte – sind die Folge. Als letztendlich großes, zusammenhängendes Hämatom versagt das transplantierte Schweineorgan irreversibel innerhalb von Minuten bis zu einer Stunde.

Wird die eben beschriebene hyperakute, Abstoßungsreaktion ausnahmeweise überlebt, kommt es innerhalb von drei Wochen zu weiteren Abwehrmechanismen, dieses Mal durch inzwischen neugebildete Antikörper, wobei das Komplementsystem wieder eine Rolle spielt. Das Resultat ist deshalb das gleiche: Das Transplantat stellt seine Funktion ein.

Zugegeben, die eben beschriebenen Reaktionen klingen sehr furchteinflößend und sind es auch, dienen aber eigentlich unserem Fortbestehen: Fremde Zellen, seien es neuentstandene Tumorzellen oder auch eingeschwemmte Viren, werden so permanent und rasch vernichtet. Eine natürliche Antwort unseres Körpers also, die uns beschützen soll. Genveränderungen, nur an den Spendertieren wohlgemerkt, müssen also sorgfältig durchdacht erfolgen, damit sie nicht schaden.

An der Ludwig-Maximilians-Universität (LMU) München begann die Geschichte der Xenotransplantation Ende der siebziger Jahre mit Claus Hammer und Walter Brendel. Forschung im diskordanten System Schwein / nichtmenschlicher Primat wurden von 1998 an durch die Bayerische Forschungsstiftung gefördert, von 2004 (und vorerst bis 2020) von der Deutschen Forschungsgemeinschaft. Unser Konsortium besteht mittlerweile aus den drei Standorten München (LMU, Technische Universität, Helmholtz Zentrum), Hannover (Medizinische Hochschule, Friedrich-Löffler-Institut) und Dresden. Die Paul-Ehrlich- und Robert-Koch-Institute und das Deutsche Primatenzentrum komplettieren das Konsortium, ein weltweit einzigartiger Verbund aus Grundlagenforschern, Veterinärmedizinern, Virologen, Klinikern und »last-but-not-least« Juristen und Ethikern.

? *Wie sieht der Stand dieser Forschungen aus?*

Um diskordante xenogene (Gewebe-)Organ-Transplantationen erfolgreich zu gestalten, beschreiten wir zwei Wege.

Zum einen werden Gewebe wie die insulinproduzierenden Zellen der Bauchspeicheldrüse (»Inselzellen« des Pankreas) verkapselt: Kleine Moleküle wie Glukose, Insulin, Nährstoffe und Wasser können die engen Poren eines Kapsel-Polymers passieren, nicht aber die Verursacher der eben beschriebenen xenogenen Abstoßungsreaktionen. Antikörper sind zu große Moleküle, sie passen nicht durch die Poren eines Kapsel-Polymers; noch größer sind immunologisch wirksame Blutzellen.

Zum anderen: Ganze Organe kann man nicht umhüllen, also nicht verkapseln, man muss sie genetisch verändern, damit sie grob gesprochen »menschenähnlicher« werden. Xenogene Abstoßungsrektionen werden dadurch abgeschwächt und medikamentös behandelbar.

Bei genetischen Modifikationen von Herzen (und auch Nieren oder auch nichtverkapselten Inselzellen der Bauchspeicheldrüse) geht man dabei folgendermaßen vor: Das wichtigste Xeno-Antigen, das sofort mit den im Primaten schon vorhandenen Antikörpern reagiert (und damit für die hyperakute Abstoßung verantwortlich ist), wird gentechnisch beseitigt, indem man es aus dem porcinen Erbgut (porcine DNS, Desoxyribonukleinsäure) herausschneidet. Das Resultat sind sogenannte »Gal-knock-out-Schweine«, denen also dieses Zelloberflächenantigen, das »Gal« heißt, fehlt. Die Antikörper der Primaten finden folglich keine Zellandockstellen mehr, die gefürchtete hyperakute Abstoßung unterbleibt.

»Gen-knock-out«, das war noch vor wenigen Jahren sehr leicht gesagt, aber sehr schwer umzusetzen, da zeitraubend, und nicht selten benötigte man für gut funktionierende Genveränderungen Jahre, von den anfallenden Kosten ganz zu schweigen. In neuester Zeit geht das Herausschneiden von nicht erwünschten Genen effektiver, schneller und auch kostengünstiger mit der sogenannten CRISPR-CAS 9-Technik (CRISPR bedeutet »clustered regular interspaced short palindromic repeats« und ist ein Molekül, das an der ausgewählten, auszuschneidenden Stelle der porcinen DNS andockt; CAS 9 bedeutet »CRISPR-associated protein 9« und ist eine Genschere, die an der entsprechenden Stelle den nicht erwünschten porcinen DNS-Anteil, letztendlich für die Bildung des xenogenen Antigens verantwortlich, herausschneidet).

? *Hört sich ziemlich*
kompliziert an.

Ja! Man kann auch fragen, wie man auf so eine verrückte, aber effiziente Idee kommt. Zwei Forscherinnen, die Französin Emanuelle Charpentier und die Amerikanerin Jennifer Doudna, haben 2015 ihre Beobachtungen an Joghurt veröffentlicht: Beschrieben wurde damals zum ersten Mal der CRISPR-CAS 9-Mechanismus, mit dem sich Bakterien pathogener Viren (das sind fremde DNS-Stücke) entledigen. In der Evolution haben wir Primaten, aber zum Beispiel auch Schweine, diese Fähigkeit verloren – es wurden in der Millionen Jahre dauernden Evolutionsgeschichte bessere Möglichkeiten entwickelt. Aber dennoch: Wieder eingebracht in unsere Körper, funktioniert diese Technik offensichtlich immer noch hervorragend.

Zwei weitere Genveränderungen in der porcinen DNS sind für eine erfolgreiche xenogene Transplantation notwendig:

Einmal der Gen »knock-in« eines Komplementblocker-Moleküls: Die zuvor beschriebenen Komplementreaktionen, die eigentlich helfen, uns vor dauernd sich ereignenden Attacken durch »fremde« Zellen zu bewahren, müssen schnell reagieren, innerhalb von Sekunden, wie schon gesagt. Manchmal jedoch ereignen sich diese Reaktionen unnötigerweise, weil gar keine Gefahr besteht – falscher Alarm sozusagen. Der Körper erkennt das im Normalfall blitzartig und unterbindet somit die nicht notwendigen, unter Umständen sogar schädlichen (Komplement-)Reaktionen durch Blocker-Moleküle.

Diesen Mechanismus nutzt man zur Verhinderung von zuvor beschriebenen hyperakuten und vor allem verzögerten Abstoßungsreaktionen aus: Ein Blocker-Molekül wird auf allen porcinen Zelloberflächen gentechnisch induziert.

Ein weiterer »knock-in« hilft, entwicklungsgeschichtlich bedingte Gerinnungsstörungen zwischen Schwein und Primaten zu verhindern. Unbehandelt würden sich sonst Thromben in den Herzkranzgefäßen des Spenderorgans bilden. Multiple Herzinfarkte, letztendlich das rasche Transplantatversagen, wären die Folge. Das Molekül, das »menschliches (also Primaten) Thrombomodelin« heißt, entstammt unserem Konsortium und der veterinärmedizinischen Arbeitsgruppe um Eckhard Wolf.

Mit diesen so dreifach genmodifizierten Schweineherzen hat der Chirurg Muhammad Mohiuddin von den National Institutes of Health (NIH, Bethesda bei Washington) Organüberlebensraten bei Pavianen von bis zu 945 Tagen (im Mittel 298 Tage) erzielt. Als Dauerimmunsuppression benötigte er lediglich zwei Medikamente: eine tägliche Tablette (Mycophenolat-mofetil, MMF) und wöchentlich eine Spritze (zusätzliche Blockade der immunkompetenten weißen Blutkörperchen durch einen Antikörper). Diese Therapie ist, im Gegensatz zur heutzutage üblichen Transplantatbehandlung beim Menschen, nontoxisch. (Auch nonnephrotoxisch: Das wäre für Ursula Lebert eine gute Nachricht gewesen. Sie musste damals notwendigerweise ein Medikament einnehmen, das letztendlich zum terminalen Nierenversagen führte, zur Hämodialysebehandlung.)

Mohiuddins Versuche sind der Beweis, dass diskordante kardiale Xenotransplantationen möglich sind. Eine Einschränkung: Mohiuddin hat die Organe in heterotoper Technik im Bauchraum eingenäht und lediglich für die Durchblutung der Herzkranzgefäße (Koronarien) über eine Verbindung mit der Bauchaorta gesorgt. Der Abfluss des venösen Herzkranzgefäßblutes geschieht über die Lungen-schlagader und die Bauchhohlvene. Dies ist ein einfacher gefäßchirurgischer Eingriff, zu dem man keine Herz-Lungen-Maschine benötigt. Das Herz schlägt zwar, weil es Sauerstoff und Nährstoffe über die Koronarien erhält, bleibt aber vom Blutvolumen ausgeschlossen, das heißt: Die Herzkammern sind nicht durchströmt, das Herz pumpt leer, befördert kein Blut, arbeitet also nicht. Die Empfängertiere überlebten den Eingriff mit ihren eigenen Organen, die unberührt blieben.

Die nordamerikanischen Experimente sind ein Meilenstein, allerdings lediglich auf dem Gebiet der Immunologie: Genetisch-modifizierte porcine Herzen überlebten schlagend, aber nichtarbeitend in Pavianen auf lange Zeit. Es wird sich zeigen, ob diese Ergebnisse auch dann gelten, wenn das Empfängerherz der Tiere durch das genmodifizierte porcine Spenderorgan ersetzt wird.

Dementsprechend präklinische Herzersatz-Experimente haben mit der gleichen Immunsuppression inzwischen in München begonnen. Dazu braucht es die Herz-Lungen-Maschine und eine perfekte Organkonservierung, die komplizierter ist als die, die beim Menschen verwendet wird. Erste Erfolge sind erzielt, die demnächst bestätigt werden müssen.

Diese präklinischen Erfahrungen sind unerlässlich, denn keine Ethikkommission und keine Zulassungsbehörde würde derartige Eingriffe am Menschen erlauben, ohne den vorherigen Nachweis ihrer infektiologischen Sicherheit, ihrer lang anhaltenden Wirksamkeit im Tierexperiment. Das ist mühsam und gar nicht leicht zu erzielen, da man zum Beispiel kaum Ersatzblut zur Verfügung hat und die Empfängertiere sofort nach dem Eingriff ohne Unterstützung atmen müssen.

? *Und wie kommt man zu den infektiologisch »sauberen« Schweinen, die sich besonders eignen würden, da sie keine Infektionserkrankungen übertragen?*

Wir sind schon lange auf der Suche nach einer »sicheren« Quelle von Schweinen, die keine Infektionen auf Primaten übertragen, auch auf den Menschen nicht. Diese besonderen Tiere zu generieren ist in Europa oder Nordamerika nicht einfach und würde viel Geld kosten. Zwar gibt es überall in diesen Regionen Bauernhöfe, die Schweine für Nahrungsmittelzwecke züchten, deren verhältnismäßig einfache hygienische Maßnahmen reichen für geplante klinische Transplantationen jedoch nicht aus.

Weit weg von uns mag es jedoch eine Möglichkeit zur Lösung dieses Problems geben: Als James Cook während seiner ersten Weltreise in der Zeit zwischen 1768 bis 1777 Neuseeland (wieder-)entdeckte, hatte er an Bord seines Segelschiffes »Endeavor« (zu deutsch: »Bemühen«) lebende Schweine beiderlei Geschlechts. Er ließ einige von ihnen im Norden der Nordinsel von Neuseeland frei. Wenig später wurden Tiere aus dieser Zucht von einer anderen Expedition mitgenommen und auf einer anderen Insel, die heute Auckland Island heißt, ausgesetzt, um zum Beispiel gestrandeten Walfängern als Fleischvorrat zu dienen. Die Nachfolger dieser Schweine hat man genetisch untersucht und sie eindeutig einem europäischen (englischen) Ursprung zugeordnet – was verblüfft, denn alle anderen Tiere aus dieser Gegend haben ozeanische Wurzeln.

Auckland Island liegt zwischen der Südspitze von Neuseeland und der Antarktis. Menschen haben sich wegen des rauen Klimas dort nie lange angesiedelt. Das heißt: Auckland Island Pigs, so nennt man sie heute, sind seit 250 Jahren mehr oder weniger kaum mit menschlichen Keimen in Berührung gekommen. Eine neuseeländische Firma (»Living Cell Technologies«) hat insulinproduzierende Zellen dieser Schweine in Zusammenarbeit mit Japanern (»Otsuka Pharmaceutical Co.«) mikroverkapselt in 14 neuseeländische Diabetiker implantiert. Bei keinem der Empfänger wurde eine übertragene Infektion nachgewiesen.

In Deutschland ist eine Studie mit makroverkapselten Inselzellen am Standort Dresden unseres Konsortiums geplant. Die Kapseln der Firma Beta-O2, Israel, sind etwa so groß wie ein kardialer Schrittmacher; die porcinen Spender kommen aus Dänemark. Als Empfänger sind Patienten mit schwer einstellbarem Diabetes mellitus vorgesehen, also Menschen mit extremer Unterzuckerung (sogenannten hypoglykämischen Anfällen) trotz optimaler medikamentöser Therapie. Diese Episoden können im Blutzuckerkoma tödlich enden. Dieser Krankengruppe mit angeborenem Diabetes wäre mit einer menschlichen Inselzelltransplantation geholfen, die wegen des erwähnten Spendermangels in Deutschland nur in wenigen Fällen zu realisieren ist.

? *Was ist die weitere Voraussetzung für einen Start der Xenotransplantation?*

Voraussetzungen für xenogene Eingriffe sind eine Zulassung
bei der Europäischen Medical Agency, in Deutschland durch
das Paul-Ehrlich-Institut vertreten, und die Akzeptanz der
lokalen Ethik-Kommission. Die Techniken der Xenotransplantation sind auf dem Weg von präklinischen Experimenten in die Klinik. Der Weg, der beschritten ist – er ist nicht
mehr aufzuhalten.

Bruno Reichart widmet dieses Buch:

Meinen beiden chirurgischen Lehrern: Walter Brendel, der mir die Herztransplantation in München ermöglichte, und Werner Klinner, der mich zum Herzchirurgen machte.

Meinem Freund Stuart Jamieson, brother in arms through all these years.

Daniel Meyer / Lars Amend
Dieses bescheuerte Herz
Über den Mut zu träumen
Band 19705

Daniel ist 15 und hat nicht mehr viel Zeit. Sein Herz schlägt immer schwächer, und er weiß, dass er bald sterben wird. Doch er hat noch so viele Wünsche: Mal ohne Aufpasser (Mama, Krankenschwester, Lehrer) sein, mit einem coolen Sportwagen ohne Ziel durch die Gegend cruisen, einen Liebesbrief schreiben (und abschicken) ... und all diese Erlebnisse, Abenteuer und Träume in einem Buch festhalten. Und dann trifft er auf einen, mit dem er sich seine Herzenswünsche erfüllt, und beide erfahren, was wirklich zählt im Leben. Ein Buch über den Mut zu träumen und den Mut zu leben.

Mit einem aktualisiertem Nachwort:
So geht es Daniel heute!

Das gesamte Programm gibt es unter
www.fischerverlage.de

fi 19705 / 1